KiWi

Paperback

KiWi

834

Über das Buch:

Bela B. isst fünf Stunden vor der Show, hinterher trinkt er nur noch Champagner zum Mozzarella-Tomaten-Sandwich. Farin Urlaub mag am liebsten Fisch und Schafskäse in allen Formen, Farben und Variationen. Und Rod Gonzalez bestellt vorzugsweise Gerichte, die die beiden anderen nicht mögen. Als die Rote Gourmet Fraktion zum ersten Mal mit den Ärzten auf Tournee waren, hatten sie keinen blassen Schimmer, was sie erwarten wird. Heute, nach zehn Jahren auf Tour mit Bands wie den Toten Hosen, den Fantastischen Vier oder Tricky, kennen sie wie sonst niemand die Gewohnheiten und Vorlieben der Rockstars.

Der Pâtissier Jörg Raufeisen und der Koch Ole Plogstedt haben zusammen mit dem Musikjournalisten Hollow Skai ihr ungewöhnliches Leben hinter den Kulissen aufgeschrieben. Beide lernten sich vor fast 15 Jahren im renommierten Steigenberger in Berlin kennen, doch schon bald wurden ihnen der dortige Alltag und der vermeintliche Traumjob zu öde. Schnell war die Idee geboren, sich als Catering-Firma für Musikbands selbstständig zu machen, gab es doch bis dahin auf Tournee meist nur Pappbrötchen und Pommes vom Imbiss um die Ecke. Seitdem kochen sie unterwegs für die Musiker, Lichtmixer und Tontechniker, aber schon längst erinnert ihre Karte an die eines jungen, wilden Sternelokals. Wie die ihrer Kunden ist auch ihre Geschichte Rock 'n' Roll, irgendwo zwischen Bühne und Backstage.

Die Autoren:

Jörg Raufeisen, geboren 1966, Pâtissier, und **Ole Plogstedt**, geboren 1968, Koch, leben in Hamburg. Nach der Ausbildung und einigen Jahren in Restaurants tauschten sie die klassische »weiße Uniform« gegen Jeans, T-Shirt und Basecap und gründeten im Mai 1993 die Tournee- und Cateringfirma »Rote Gourmet Fraktion«.

Hollow Skai, so alt wie der Rock 'n' Roll, ehemaliger Pop-Redakteur beim Stern, heute freier Journalist und Buchautor (In-A-Da-Da-Da-Vida).

Rote Gourmet

RGF

Fraktion

PUNKROCK-CATERING

Ole Plogstedt & Jörg Raufeisen
mit Hollow Skai

Rote Gourmet Fraktion

Kochen für Rockstars

Kiepenheuer & Witsch

2. Auflage 2004

Umschlaggestaltung: Barbara Thoben, Köln
Umschlagfoto: © Atelier Markus Hauser
Gesetzt aus der Excelsior
Satz: Greiner & Reichel, Köln
Druck und Bindung: Clausen & Bosse, Leck
ISBN 3-462-03397-2

Ole Plogstedt widmet dieses Buch seiner Familie.
Jörg Raufeisen widmet es Barbro und Luciana.
Und Hollow Skai widmet es Jenny Helene Wübbe.

Inhalt

I. Rock 'n' Roll High School

IMBISS
FISCH
in Tomate
FC ST. PAULI

Ein Tag auf Tour

Es war mal wieder spät geworden gestern. Wir waren nicht vor vier ins Bett gekommen, weil wir noch den Einkaufszettel schreiben mussten. Doch jetzt, um Viertel vor acht, kippt uns der Nightliner, der uns seit zehn Tagen von Stadt zu Stadt, von Auftrittsort zu Auftrittsort fährt, vor dem »Palladium« in Köln aus. Uns fällt sofort wieder ein, dass wir hier schon viermal unser »Konglomerat von Kalbsleber, frischen Erdbeeren, Entenbrust mit grünem Pfeffer und Speck« gekocht haben – für die Ärzte, Fury In The Slaughterhouse, die Fantastischen Vier und Him.

Fast mit jedem Club und mit jeder Halle, in denen wir in den vergangenen zehn Jahren unsere Küche aufgebaut haben, verbinden wir inzwischen ein bestimmtes Gericht. Im Hamburger »Dock's« haben wir, bei unserem ersten Catering-Job überhaupt, »Ratte in Rollsplit« für The Cult gekocht. »Kaliningrader Klopse« gab's in der »Batschkapp« in Frankfurt, in der Berliner »Columbiahalle« stand »Pute Kung-Fu« auf dem Speiseplan und im »Colosseum« in München »Junk Fish«. Für Rammstein haben wir in der Düsseldorfer »Philipshalle« unseren »Eisbein-Strudel mit Überraschungspüree« gekocht. Im Stuttgarter »Longhorn« eine »Scholle mit Sesamkruste« für Courtney Loves Band The Hole, und den Toten Hosen kochten wir in der Oldenburger »Weser-Ems-Halle« die »Kaninchenlasagne in Senf- und Madeirarahm mit Paprikazungen«.

Gestern, das ist gerade mal vier, fünf Stunden her, war Jörgs Einkaufszettel noch fast leer. Fabian und Henning, zwei Köche, die nicht gleich in die Knie gehen, wenn sie ein paar Tage 17 Stunden am Stück durcharbeiten müssen, hingen so früh am Morgen jedoch noch genauso in den Seilen wie wir. Zusätzliche Köche buchen wir für größere Tourneen, denn eine Crew von 80 bis 100 Mann zu verpflegen, ist für zwei einfach zu viel. Auf Grund unserer Erfahrung wissen wir mittlerweile, wann wir bei großen Produktionen spätestens im Bett sein sollten, um am nächsten Tag nicht vor Müdigkeit zu sterben. Bei Ole ist es drei Uhr, bei Jörg halb vier. Dann haben wir noch knapp fünf Stunden Schlaf. Was geht, schließlich haben wir ja alle zwei bis fünf Tage frei und können am Off-day im Hotel nach- oder vorschlafen.
»Gestern« hatte sich jedoch alles bis nach vier hingezogen. Mit aller Anstrengung hatten wir Wörter in den Raum geworfen wie Zewa, Kaffeebecher, Kochwein usw., um Jörgs Einkaufszettel endlich voll zu kriegen.
»Wie sieht's aus mit Öl?«
»Auf jeden Fall beide, also Sonnenblumen- und Olivenöl. Zum Lunch gibt's Thaicurry – kauf mal einen bunten Teller Gemüse dafür, Currypaste, Zitronengras, Limeleeves ham wa noch, Koriander brauchen wir, wenn's geht, mit Wurzel, und für die Fleischfresser ein paar Hühnertitten à part.«
»Wie viele Hühner, welches Gemüse?«
Spätestens da war es an der Zeit für Jörgs Standardpredigt: »Wenn ich früh morgens mit fünf großen Wagen durch die Metro renne, überlege ich nicht, sondern packe stur ein, was auf dem Zettel steht.«
»Das Curry lassen wir vegetarisch. Für Salat kauf ma' ein, was gut aussieht. Tomatensalat könnten wir auch mal wieder machen.«
»Kiste kaufen?«

»Wenn das mal reicht. Fürs Ratatouille brauchen wir einige ...«
»Ey, wie viele Tomaten sind noch da?«
»Frische fast nix, eine große Dose Pelati.«
»Dann kauf mal gleich zwei Kisten, die halten sich ja bei dem Wetter.«
Jörg notierte, was noch gebraucht wird für Maissuppe, Karottenkick, Thaicurry zum Lunch (mit und ohne Huhn), Lammfilet mit Pizza Polenta, Dijon-Senfsabayonne, Zitronenthymian-Jus und so weiter.
»Wegen Fisch, ruf ma' an, wie immer. Schön wäre einer, den wir auf der Haut braten können. Der würde prima zu den roten Specklinsen, der Kartoffelgrütze und dem Majoranschaum passen. Für die Veggies brauchen wir Mozzarella, Basilikum, von beidem viel, Tomaten haben wir ja schon, Zwiebeln auch, Knoblauch noch da? Wie viel?«
»Gut vier Knollen.«
»Ham wir noch vernünftigen Essig für den Balsamico-Crêpe?«
»Nee, nur den einfachen.«
Jörg schrieb weiter mit.
»Dessert weißt du ja selber – was machst du eigentlich?«
»Einmal Karamell-Bananen. Es sind noch ein paar übrig, die nicht mehr so schön aussehen, und ›Arme Ritter‹ wurde wieder gewünscht. Außerdem muss noch einiges an trockenen Brötchen da sein.«
»Nimm doch statt Apfelmus die beiden Gläser Zwetschgen, die wir noch haben.«
So war das eine Stunde lang gegangen, bevor wir endlich in unseren Kojen lagen.
Schlaftrunken laden wir die beiden Kisten mit der Kaffeemaschine und den Kannen aus und machen uns auf den Weg zum Cateringraum.

Während der erste Kaffee durchläuft, labert Jörg die Stagehands voll, die noch genauso müde sind, und erklärt ihnen, dass Punkrock nichts mit albernen Frisuren oder bunten Bildern auf dem Arm zu tun habe, sondern eine reine »Kopfsache« sei … Ole rückt derweil die Tische im Küchenbereich zu einem großen Herdblock zurecht, sodass wir uns später beim Kochen möglichst gegenüberstehen, verlegt Stromkabel und schließt die Herde und die Kühlschränke an. Den Mixstab, ein paar Werkzeuge und ein Gefäß mit 20 Löffeln zum Abschmecken stellt er gut erreichbar für alle auf den Tischblock mit den mobilen Herdplatten.
Um den Block herum stehen die Cases, deren Oberseiten uns als Arbeitsfläche dienen. Die Topf- und Teller-Cases werden in die Nähe der Spüle gerückt, damit die vom örtlichen Veranstalter gestellten Cateringhilfen nicht so lange Wege zurücklegen müssen.
Oft ist es in den Hallen und Clubs hinter der Bühne so eng, dass es schwierig ist, unsere Küche auf den wenigen Quadratmetern komplett aufzubauen. Wenn es ganz hart kommt, stehen uns nur eine viel zu kleine, manchmal auch noch verschachtelte Abstellkammer und ein Durchgang zur Verfügung, in dem dann die Getränke- und Equipment-Cases und Jörgs Arbeitsplatz untergebracht werden müssen. Aber das ist er ja gewohnt.
Um 8.15 Uhr ist der Runner eingetroffen, ein Fahrer mit Ortskenntnissen und Kleintransporter, der Jörg beim Einkauf behilflich ist. Die beiden machen sich sofort auf den Weg in die nächste Metro, die für Jörg längst so was wie ein zweites Zuhause geworden ist.
Fabian und Henning schlagen die ersten Eier in die Pfanne und schwenken Onkel Heinzis »Baked Beans« an. Archie, unsere mitreisende Cateringassistentin, beginnt damit, eine große Schüssel Obstsalat zu schneiden, während Ole das Spachtelzimmer herrichtet: Der

Getränkekühlschrank und die Saftpresse werden in der Nähe von Steckdosen aufgebaut, um unnötigen Kabelsalat zu vermeiden. Die Kaffeekannen, der Tee, das Obst, die Cornflakes, Marmeladen, Nutella, der Brotkorb, Butter, Schmierkäse, Aufschnittplatten usw., eine Herdplatte für Suppentöpfe und die Chavies, Warmhaltevorrichtungen für Buffets, wie man sie von jedem Hotelfrühstück kennt, werden dazugestellt. Alles muss jeden Tag möglichst gleich aufgebaut werden, damit unsere Gäste sich wie zu Hause fühlen. Wenn man morgens in seine Küche kommt, würde es einen ja auch irritieren, wenn der Toaster dauernd woanders steht.
Für die Lichtleute und die Rigger geht eine Platte mit einem Dutzend Rühreibrötchen zur Bühne, weil die es heute nicht schaffen, zum Frühstück zu kommen. Die beiden Cateringhilfen fangen schon mal an, Kartoffeln und Zwiebeln von ihrer Pelle zu befreien. Und gegen zehn sind wir dann endlich so weit, dass gekocht werden kann.
Vorher gehen wir noch einmal kurz den Warenbestand durch. Manchmal wird das Menü noch kurzfristig geändert, weil Überbleibsel vom Vortag in die Speisen eingearbeitet werden können. Sollte noch etwas benötigt werden, kann man das jetzt noch bei Jörg per Handy bestellen.
Da klingelt auch schon das Telefon. Es ist Jörg, der aus der Frischfisch-Abteilung der Metro anruft:
»Es gibt Roten Schnappfisch im Angebot.«
(Red Snapper klingt zwar cool, schmeckt aber langweilig.)
»… weiter …«
»Sonst gibt's noch Dorade im Ganzen.«
»Die macht zu viel Arbeit. Was ist mit Zanderfilets?«
» Die gibt's nicht im Angebot, außerdem haben die die schon wieder von der Haut gezogen.« (Was kein Koch

versteht, schmeckt doch Zander voll geil und kross, wenn man ihn auf der Haut brät.)
»Zander hatten wir erst vor fünf Tagen.«
»Was ist mit Zahnbrasse?«
(Ein sehr leckerer und saftiger Fisch.)
»Jau!! Nehmen! Sieht die gut aus?«
»Ja. Wie viel?«
»Mindestens fünf Kilo – nee, lieber sechs!«
»Sonst noch was?«
»Nö, müsste alles sein.«
»Sonst ruf an.«
»Wann bist du ungefähr zurück, Sackgesicht? Wir brauchen Material!!«
Die letzte Rutsche Eier geht raus, dann ist die Frühstückszeit, zumindest die warme, vorbei.
Um zwölf schicken wir die Suppe, die gestern als »neu« angeboten wurde, aufs Buffet, und eine neue wird gekocht. Endlich kommt Jörg aus der Metro zurück. Während der Runner den Wagen ausräumt, schreibt er ihm einen Einkaufszettel mit den Artikeln, die noch zu besorgen sind, und wir räumen die Ware weg, was sich in kleinen Catering-Bereichen oft als äußerst schwierig erweist. Wenn wir nicht die beiden per Bühnenanweisung georderten Großraumkühlschränke gestellt bekommen, sondern uns mit Truhen oder kleinen Haushaltskühlschränken abgeben müssen, haben wir jedes Mal ein Problem. In einer saunamäßigen Küche können wir ja die Lebensmittel nicht einfach draußen rumliegen lassen.
In einer Stunde muss der Lunch stehen. Wir sind nicht gut in der Zeit und müssen uns jetzt tierisch beeilen. Der Topf mit dem Reis kocht wie Wäsche und müsste eigentlich fertig sein.
»Wo ist der Durchschlag?«
»Da ist der Salat drin, kannst du aber umfüllen.«

Ausgerechnet jetzt will jemand Zigaretten haben. Also schnell die Flossen abgetrocknet und den Kippenkoffer aufgemacht. »Blaue Goulacken?« »Jo, gib ma' gleich zwei.« Guter Mann! Da denkt wenigstens einer mit und kommt nur einmal am Tag Kippen holen. Auf der Liste wird ein Strich für jede Packung gemacht, Koffer zu und wieder ab in die Küche, die Hühnerbrüste vom Knochen holen.

13:18 Uhr. Der Lunch steht! Wir gleichen schnell unsere Ackerzettel ab, und weiter geht's. Die Brötchen gehen aus, worüber Jörg informiert wird, damit er Nachschub bestellen kann. Ein kurzer Anruf – erledigt. Archie frischt das Buffet auf und achtet darauf, dass der Kaffee nicht ausgeht. Zwischendurch schmiert sie Sandwiches und Schnitten für die Busse und Trucker. Die Garderoben der Musikanten werden von Jörg mit ihren Lieblingsflüssigkeiten und einigen Naschereien ausgestattet, anschließend nervt er kurz in der Küche, kämpft mit alten Bananen, heißem Zucker und dunkler Schokolade und hinterlässt einen Saustall, den die anderen aufräumen dürfen. Weil wir Köche jedoch so froh sind, einen echten Konditor und Pâtissier persönlich kennen zu dürfen, macht uns das gar nichts aus.

Wenn die Band zum Soundcheck eintrifft, meistens so gegen 16 Uhr, laufen die Vorbereitungen für das Abendessen. Für uns ist das die eigentliche Show an diesem Arbeitstag. Die Brasse wird entgrätet und portioniert, der Speck gewürfelt und ausgelassen, die Polenta gekocht. Ausgerechnet jetzt will jemand Zigaretten haben. Also schnell die Flossen abgetrocknet und den Kippenkoffer aufgemacht … So was bringt einen voll aus dem Rezept. Der Balsamico-Crêpe-Teig wird zusammengerührt (was nicht einfach ist, da er durch die Säure im Teig leicht in der Pfanne reißt) und die Jus passiert.

Wie eigentlich nicht anders zu erwarten, hat Jörg in der »Kleinstadt«-Metro natürlich keinen Zitronenthymian bekommen, sondern nur den normalen. Dann gibt es eben Zitronen-Thymianjus. Zitronen sind ja eh da.

Die Band macht sich über das Lunch-Buffet her, nur der dicke Trommler hält sich zurück, weil er auf Diät gesetzt wurde. Er isst jetzt nur 15 Salate und haut lieber später beim Abendessen richtig rein, wo er meist einer der Ersten ist, die pünktlich um 18 Uhr das Gericht ihrer Wahl bestellen.

Um zwanzig vor fünf teilt uns der Tourleiter mit, dass wir heute mit etwa acht weiteren Essern rechnen müssen. Hätte er ja auch ruhig mal eher sagen können. Irgendwie hatten wir schon damit gerechnet. Mit der Zeit kriegt man eben ein Gefühl dafür, wann bei welchen Bands in welchen Städten mit wie vielen »Mehr-Essen« zu rechnen ist.

Um 16:42 Uhr fragt Henning Jörg argwöhnisch, ob es denn heute keinen Kuchen gäbe, schließlich sei es ja schon fast vier. Laut fluchend (»Pisse-Kacke-Scheiße!«) und auf die Uhr guckend, holt er sein Versäumnis nach.

Bei manchen Produktionen kann man den Kuchen gar nicht so schnell rausstellen, wie danach gegriffen wird. Da fragt man sich glatt, ob die alle als Kind auch Kuchenränder geschenkt bekommen haben (wie Jörg). Aber warum sind sie dann Lastwagenfahrer geworden oder Gitarrenputzer – und nicht Konditor?

Die uns so vertrauten drei Akkorde, die den ganzen Tag lang aus unserem kleinen, vom Bratfett schon ganz schmierigen CD-Recorder dröhnen, werden nun vom Soundcheck in der Halle übertönt. Unschöne Sache.

Langsam muss alles für das Abendessen stehen. Wir sind konzentriert und checken gemeinsam unser Mise en place ab. Unter Mise en place verstehen Köche ihre Vorbereitungen fürs »Geschäft«, die sie sich an ihrem Posten so platzieren, dass sie alles schnell griffbereit haben: Zwiebelwürfel, vorgekochte Paste, das portionierte Fleisch, ein Fond und so weiter und so weiter und so weiter.

Manche Restaurantköche bewahren Kräuter im Wasser auf, damit sie frischer aussehen; andere lassen sie lieber im Kühlschrank liegen und pflücken sie bei Bedarf ab. Manche horten eine Salz-Pfeffer-Mischung in ihr Mise en place, andere lassen Schalottenwürfelchen in Sekt schwimmen. Jeder macht das so, wie er persönlich am besten klarkommt.

Als wir noch im Berliner »Steigenberger« gearbeitet haben, wanderte grundsätzlich das übrig gebliebene Mise en place allabendlich in den Fond oder in die Tonne. Ziemlich albern, wie wir finden, kann man doch noch so tolle Sachen, beispielsweise für Buffets oder das Personalessen, daraus machen.

Kurz vor sechs. Da passiert auch schon das erste Malheur! Der Topf mit der Majoransauce fällt auf den Boden. Scheiße! Blitzschnell einen neuen Topf auf den Herd, einen Schluck Brühe, einen Schluck Sahne, einen Löffel Philadelphia und den Mixstab rein, abschmecken – fertig! Die gezupften Majoranblätter, die à la minute dazukommen, existieren ja noch.

Das fasziniert uns immer wieder. Stundenlang hat man an einer Sache gekocht, die dann einer Tragödie zum Opfer fällt. Schnell behilft man sich intuitiv mit dem, was da ist, und kreiert innerhalb kürzester Zeit einen akzeptablen Ersatz. Das wirklich Phänomenale dabei ist nicht nur die Kürze der Zeit, in der so ein Problem bewältigt wird, dass man sich fragt, was man eigentlich den ganzen Tag getrieben hat, sondern das manchmal erschreckend grandiose Resultat.

Jörg baut jetzt den Posten für die Essensausgabe auf. Für gewöhnlich nutzt er dafür eines der Cases, das er mit einem Dekostoff bedeckt, den wir irgendwo mal aufgetrieben haben. Er drapiert Plastikefeu und ein Totenköpfchen darauf und die »Dinner-time-Lampe«, ein »Blaulicht«, nur in Grün. Erst wenn diese leuchtet und sich dreht, werden Bestellungen aufgenommen, die Jörg auf Bons vermerkt und in die Küche schiebt. Derweil richten wir die Hauptgänge an, die auf dem Case zur Schau gestellt werden: unsere dreidimensionale »Speisekarte«.
Henning geht schnell noch eine Kippe einsaugen, während Jörg die Speisekarte für ganz Konservative zusätzlich aufschreibt:

GEBRATENES LAMMFILET MIT DJ-SENFSABAYONNE
RATATOUILLE UND PIZZA-POLENTA

*

ZAHNBRASSE AUF DER HAUT GEBRATEN
AUF KARTOFFELGRÜTZE MIT SPECKLINSEN
UND MAJORANSCHAUM

*

»CRÊPE CAPRESE«
(BALSAMICO-CRÊPE MIT TOMATEN-MOZZARELLA-BASILIKUMFÜLLUNG
UND OLIVEN-SCHUPFNUDELN)

Die Lampe ist noch nicht an. Einige Hungrige stehen aber bereits an und begutachten die Teller. Wenn die grüne Lampe leuchtet, rasseln die Bons fröhlich in die Küche.
»Dreimal Fisch, zwei Veggi. Können wir zusammen machen, dann fünf Fleisch und ein Fleisch neu, also sechs Fleisch.«
Beim Anrichten der ersten Teller geht es meist noch etwas unkoordiniert zu. Aber nach kurzer Zeit flutscht

es ganz gut. So geht es bis 20 Uhr. Gelegentlich gibt es eine Sonderbestellung: »Fisch ohne Grütze, dafür Ratatouille oder Fleisch mit viel Sauce, ohne Polenta, aber mit Kartoffeln, wenn's geht, gebraten.«
Für die Supportband, die erst nach ihrem Auftritt isst, bestellt Jörg zwei Fisch- und zwei Fleischgerichte sowie ein vegetarisches Essen. Während wir weiterhin die Bestellungen für »sofort« entgegennehmen und zubereiten, richten wir die reservierten und ein paar zusätzliche Teller an, die nach der regulären Essenszeit in der Mikrowelle aufgewärmt und nach der Show rausgegeben werden. Wie es aussieht, sind wir mit den vorbereiteten Mengen an Lebensmitteln ziemlich gut hingekommen.
Viertel vor acht verlässt Jörg seinen Posten, der jetzt sowieso kaum noch frequentiert wird, um die Bühnenkiste und den Tee mit Fenchelhonig fertig zu machen, den das Sängerlein für seine Stimmbänder benötigt. Kurz vor acht dreht Ole den Zeiger unserer Cateringuhr vor und knipst die rote Lampe an, »Dinner time is over«, und rennt aufs Klo.
Während wir das restliche Mise en place verräumen, überlegen wir, wie die Reste in den Speiseplan für morgen eingebaut werden könnten. (Vielleicht in einem leckeren Fond?!) Manchmal geschieht das spontan. Häufig produzieren wir aber bestimmte Speisekomponenten bereits in großen Mengen, damit extra etwas für den nächsten Tag übrig bleibt. Das Ratatouille wird dann zur Füllung von Champignons umfunktioniert, und aus der Kartoffelgrütze und dem Majoranschaum entsteht eine Kartoffelcremesuppe.
Die Lebensmittel werden in unseren Kühlschränken verpackt und die Cateringhilfen mit Bergen von Geschirr aus der Küche zugeschissen. Die Herde, Geräte und Arbeitsflächen müssen geputzt, die Stromkabel eingeholt und abgewischt werden.

Punkt 21 Uhr geht die Hauptband auf die Bühne. Für kurze Zeit ist jetzt fast kein Gast mehr im Cateringraum und in Windeseile räumen Ole und Archie auf: Als Erstes werden die Plastikfolien, die als Tischdecken dienen, sauber gewischt und zusammengelegt, dann das Buffet abgeräumt. Nur der Kaffeeposten und die Getränke bleiben noch stehen. Zwischendurch machen Henning und Fabian den einen oder anderen After-Show-Teller für den Support fertig.
Der Backliner kommt angerannt und bittet uns um eine weitere Kanne Tee mit Fenchelhonig. Derweil ist es den beiden flotten Spülerinnen gelungen, die Massen an Geschirr abzuwaschen, ohne dabei ihre gute Laune zu verlieren.
Ole lässt sich von der Tourleitung den vereinbarten Abschlag für die »Reise Gruppen Ferpflegung« auszahlen und zählt die Bündel Zehner- und Zwanziger-Scheine durch. Anschließend sortiert er grob das Kücheninventar vor und packt dann die Cases, was sich eine ganze Weile hinzieht, da er permanent aus der Arbeit gerissen wird, wenn wieder jemand Nikotin braucht, ein Pflaster haben möchte oder ein Busfahrer »seine« Busbestückung sucht.
22:53 Uhr. Die Band geht noch einmal auf die Bühne und spielt ihre letzte Zugabe. Die Vorgruppe lässt sich ihr vorbestelltes Essen in die Mikrowelle schieben. Wenn es Jörg nicht bereits getan hat, bringt er jetzt schnell die After-Show-Bestückung und neues Eis für die Getränkewannen in die Bandgarderoben, während Ole das Equipment in Cases verstaut. Wenn die Band von der Bühne kommt, sollten wir damit weitgehend fertig sein, denn nach Konzertende kommt man kaum noch dazu. Der Cateringraum ist dann gefüllt mit Gästen, die von der Crew auch liebevoll »Fisch«, »Blase«, »Mob« oder simpel »Gesocks« genannt werden und uns

mit Fragen nur so löchern: »Gibt's noch Cola Light?«, »Hast du noch Fluppen?« oder »Habt ihr noch 'n Sandwich?«
Einer von uns geht schon mal duschen. Hoffentlich gibt es warmes Wasser, hoffentlich sind die Duschen nicht allzu versifft und hoffentlich sind die Handtücher, die der örtliche Veranstalter bereithält, nicht schon 483-mal gewaschen und dementsprechend dünn und fusselig.
Jörg notiert sich einen wichtigen Extrawunsch des Riggers, einen bestimmten Weichkäse oder so, den wir die nächsten Tage unangerührt mit uns rumschleppen werden. Aber eigentlich weiß man mit den Jahren, wer ohne was nicht auskommt und was wirklich gegessen wird.
Um Mitternacht ist die Küche bis auf die Mikrowellenkiste verpackt. Das letzte reservierte Musiker-Essen wird gerade abbestellt, das heißt, wir können jetzt auch das »Mikrocase« dichtmachen.
Eine Stunde später fährt die Band endlich ins Hotel. Die Backstagegäste hält hier nun auch nix mehr und wir können die letzten Getränkewannen zusammenräumen und die Kisten, Gläser, Platten etc. aus den Garderoben einsammeln. Das Zeug wird lose in den Plastikboxen verpackt und mit den Küchencases zum Abtransport bereitgestellt.
Die örtlichen Aufbauhelfer, »Hands« genannt, verladen alles nach Anweisung des Stagemanagers oder Truckers im Licht-Trailer, der am nächsten Morgen als Erstes wieder ausgeladen wird, weil die Beleuchter und wir stets die Ersten sind, die mit dem Aufbau beginnen.
Nun hat auch der letzte der fünf Busfahrer die Busbestückung für seine Fahrgäste abgeholt: Sandwiches, Stullen, Äpfel, Bananen, Weintrauben, Waffelkekse, Chips, Mars, Milky Way und Erfrischungsstäbchen,

Erdnüsse und Zartbitter-Schokolade (die kaum einer anrührt, Jörg aber so gerne mag, dass er sie niemandem vorenthalten will).
Wir quetschen die Kaffeekisten und unsere Privatsachen in den relativ kleinen Gepäckraum des Busses. Jetzt warten wir, bis Jörg vom Duschen zurück ist und wir uns im Bus zur Einkaufsbesprechung treffen können.
»Bist du der Letzte?«, fragt der Tourleiter (TL) Jörg. Aus der Buslounge im Untergeschoss, wo sich die Crew, überwiegend Männer, ihre Feierabendbiere reindreht, verbessert jemand: »DAS Letzte«. Keiner lacht. Jeder Fraktionschef zählt für sich durch: »Arne ist im Bett – wo ist Sven? Kann mal einer gucken gehen, ob der im Bett ist …?« »Jo, iss da«, schreit einer von oben runter, sodass Arne garantiert wieder wach ist. »Abfahrt!«, ruft der TL, und wieder einmal fragt Ole von hinten laut durch den Bus, wer wohl den ersten Teil fahre – ein Scherz, über den sich nur noch diejenigen freuen, die zum ersten Mal mit auf Tour oder mit einem ganz einfach gestrickten Humorgrad ausgestattet sind. Die Busfahrer sind nämlich permanent überfordert, sodass ihnen ihre paar Aufgaben, die sie tagsüber zu bewältigen haben, zum Beispiel stinkende Chemieklos abzulassen, extrem schwer fallen – wenn sie die überhaupt erledigen. Die meisten haben dafür einen Bettenmachfimmel, was wir einfach nur blöde finden: Muss auch noch im letzten Stückchen Privatsphäre rumgefummelt werden? Außerdem legen sie die Bettdecken so unlogisch zusammen, dass man erst mal die ganze Decke in seiner ohnehin winzigen Koje mit den Füßen in die richtige Position dirigieren muss. Die sollen sich lieber um ihre Scheißgetränke und Sandwiches kümmern!
Endlich kann es losgehen.

Kochen auf der Straße

Zugegeben, in einem Restaurant kocht es sich leichter. In einer normalen Küche hat man ein Kühlhaus und einen Salamander, einen Grill mit Oberhitze zum Gratinieren. Eine Gastroküche verfügt oft über eine fest installierte, überdimensional große Bratpfanne, Kipper genannt, in der große Braten geschmort, Jus gekocht oder 25 Schnitzel in einem Rutsch abgebraten werden können.
Man kann im Voraus frische Brühen und Fonds ansetzen, Fisch marinieren oder ein halbes Tier bestellen und es von vorne bis hinten verarbeiten. Wenn man etwas nicht schafft, fängt man am nächsten Tag eben zwei Stunden früher an, macht den Teildienst durch oder arbeitet zwei Stunden länger. Man kennt seine Lieferanten. Man kann vielleicht auch häufiger ein sündhaft teures, aber geiles Menü anbieten. Und nicht zuletzt ist die Temperatur in »richtigen« Küchen weitaus angenehmer, weil die Abzugshauben auch die Hitze mit wegziehen.
Auf Tournee hat man das alles nicht. Mal ist es bei uns in der Küche so heiß wie in einer Sauna, und dann kochen wir wieder in einem arschkalten Keller. Lebensmittel sind also weitaus größeren Temperaturschwankungen ausgesetzt und gammeln viel schneller. Durch das ständige Öffnen und Schließen der Türen entsteht in unseren Kühlschränken eine viel größere Feuchtigkeit als in einem Kühlhaus. Ein Eisparfait können wir

nur machen, wenn wir an einem Ort zwei oder mehrere Tage knechten müssen, da unsere Kühlschränke mit Tiefkühlfach über Nacht nicht am Strom angeschlossen sind und nur die Kälte halten, aber nichts gefrieren können. Selten haben wir den Platz, um Fische zu schuppen, weil das unser oft einziges Spülbecken blockiert.

Wir können auch nicht mal eben vier Kisten Spinat einkaufen, den es womöglich gerade günstig gibt, Spinat-Ravioli auf Halde produzieren und wegfrieren. Beim Einkauf sind wir auf die »Nullachtfuffzehn-Angebote« von Groß- oder Supermärkten angewiesen, da unsere Transport- und Kühlkapazitäten viel limitierter sind als die Lagermöglichkeiten von stationären Restaurants. Und um Spanferkel im Ganzen für 50 Personen in die Röhre schieben zu können, bräuchten wir einen großen Konvektomaten, einen Profi-Ofen mit Umluft. Wir müssen uns mit unserem kleinen, geliebten »Hausfrauenofen« begnügen.

Keine Frage, auf Tour werden der Kreativität engere Grenzen gesetzt als in einem Restaurant. Auf der Speisekarte stehen neben Salaten und Suppen täglich nur vier bis fünf Gerichte – zwei zum Lunch und zwei bis drei zum Dinner.

Das heißt allerdings noch lange nicht, dass es nur Putencurry mit Reis oder Spaghetti Bolognese geben muss, was mit geringem Zeit- und Geräteaufwand zu kochen wäre. Natürlich bieten wir auch mal Sauerbraten an, der am besten im Ofen zuzubereiten wäre. Wir schmoren ihn dann in zwei großen, recht flachen Töpfen auf dem Herd, was natürlich eine ganze Weile gleich zwei Flammen belegt. Im Winter, wenn es draußen so kalt ist wie bei uns in den Kühlschränken, können wir ihn selbst einlegen und einige Tage mit uns rumschleppen, damit er durchziehen kann. Sonst kau-

fen wir ihn fertig mariniert. Der ist gar nicht mal so schlecht.

Manchmal entpuppen sich die vermeintlichen Nachteile sogar als Vorteil. Wir müssen unsere Gäste nicht eine Woche lang mit Deichlamm penetrieren, nur weil wir es billig geschossen haben und das Vieh wegmuss, bevor es verdirbt. Alles muss frisch eingekauft und möglichst gleich verarbeitet werden. Wir müssen keine Karte runterkochen, die sich irgendjemand ausgedacht hat, sondern können uns mit unseren Köchen selbst überlegen, worauf wir Bock haben. Außerdem können wir schneller auf ein Wunschgericht der Crew und Mucker eingehen, und wenn einem was nicht schmeckt, kann er uns das direkt sagen und muss es nicht einem Kellner erklären, den die Kritik gerne mal kalt lässt, da er das Essen ja nur serviert, aber nicht gekocht hat.

Ein weiterer Unterschied zwischen unserer und einer

Restaurantküche besteht jedoch darin, dass es eigentlich nicht die übliche Aufteilung in Posten gibt. So ist Ole nicht nur Saucier, Jörg nicht nur Pâtissier, sondern jeder ist noch dazu ein Stück weit Entremetier, Gardemanger, Poissonier und Potager. Es hat jeder aus Gewohnheit seine Hauptbereiche, wer konkret was macht, wird aber jeden Tag aufs Neue entschieden, je nachdem, wer welche Idee zur »Karte« einbringt oder ein Essen, das er schon mal gekocht hat und das gut ankam. Mal kochen wir alle gemeinsam an allen Gerichten, mal kocht einer ein Gericht komplett allein. So gibt es etwa, sofern »der Rote« mitfährt, immer Falafel, sobald genügend Gemüsereste und Petersilienstängel über sind. Fragt man nach dem Rezept, antwortet er knapp, da komme alles rein, was übrig sei.

House of Horror

Auf einer Tournee hat jeder seinen klar definierten Bereich, in dem er seine Arbeit erledigen muss. Die Toncrew muss die Anlage auf- und abbauen. Die Lichtleute müssen die Lampen installieren. Der Backliner ist dafür verantwortlich, dass die Gitarren gestimmt sind und schön funkeln. Der Lichtdesigner und der F. O. H.-Mann setzen die Band ins richtige Licht und sorgen für einen klaren, vernünftigen Sound. Und die Tourleitung leitet die Tour. Das Catering ist jedoch die Baustelle, auf der sich früher oder später alle einfinden: Merchandiser und Musiker, Autobus- und Fernfahrer, Rigger und Garderobiere. Daher versuchen wir, dieses gemeinschaftliche »Wohn-Ess-Zimmer« so gemütlich wie möglich zu gestalten.

In unserer mobilen Einsatz-Küche prangt stets eine FC-St.-Pauli-Fahne an der Wand, von der Decke hängen Arm- und Beinstümpfe, zwischen den Desserts stehen Gummiratten und neben den Zerealien eine Nase und ein Weihnachtsmann im Weckglas. Auf dem warmen Buffet liegen Spielzeugkakerlaken, ein Plastikhuhn und Totenköpfe.

So richtig extrem geworden ist unser Dekowahn durch einen befreundeten Koch, Christian Candini, der eine Zeit lang ein Fachgeschäft für Horror-Devotionalien und Splatterfilm-Requisiten in Hamburg betrieb, das »House of Horror«. Kurz bevor wir mit Phillip Boa das erste Mal auf Tour gingen, schenkte er uns einen abgetrennten Kopf mit offener Schädeldecke aus Latex, den wir gleich am ersten Tourtag als Schüssel für Süßigkeiten benutzten. Die Crew und die Mucker waren zwar im ersten Moment ein bisschen geschockt, aber letztlich kam es bei den meisten gut an, weil sie so etwas Absurdes noch nie auf einem Buffet gesehen hatten.

Mit jedem Besuch in Candinis »House of Horror« wuchs unsere Sammlung an finsteren Extremitäten. Manche Backliner oder Musiker liehen sich Teile unserer Dekoration für die Bühne. Titus, der Schlagzeuger der Inchtabokatables, riss sich jeden Abend beim letzten Stück für seine Fans förmlich ein Bein aus und warf es ins Publikum. Wir hatten immer Angst, dass die Masse das Laufwerkzeug nicht mehr rausrücken würde, doch der Schreckensmoment war so groß, dass sie sofort zur Seite wich und genügend Zeit blieb, das Bein zurückzuholen.

Natürlich kam es schon mal vor, dass wir gebeten wurden, die Dekoration nicht aufzuhängen. Mal erinnerte sich jemand an einen Arbeitsunfall, bei dem ein Fuß in einen Fleischwolf geraten war, mal haben sich die jungen Mädchen einer Stepptanztruppe, mit denen wir tourten, geekelt, sodass wir sie abhängten. Als wir mit Dog Eat Dog und Crazy Town auf Tour waren, bat man uns, ganz auf die Attrappen zu verzichten, weil ausgerechnet ein Tabakkonzern, der die Tour sponserte, die Leichenteile als imageschädigend empfand. Was wir natürlich taten, schließlich ist der Kunde König. Das hatte nur zur Folge, dass wir von allen, die uns schon kannten oder nur von uns gehört hatten, gefragt wurden, wo denn unsere schöne Deko geblieben sei.

Die meisten finden die Dekoration, die auch schon als »Mahnmal« wider den übertriebenen Fleischkonsum interpretiert wurde, allerdings eher lustig oder kapieren ziemlich schnell, warum wir das Buffet nicht mit kleinbürgerlichen Blumengestecken oder Heile-Welt-Accessoires ausstatten. Die Welt ist ja auch alles andere als heil. Kai Wingenfelder, den Sänger von Fury In The Slaughterhouse, inspirierten die Gliedmaßen gar zu einem kleinen künstlerisch wertvollen Kurzfilm über die Rote Gourmet Fraktion, den er »Kettensaumassaker« nannte.

Mit Fury In The Slaughterhouse sind wir bereits des Öfteren durch Deutschland getourt und haben sie schnell schätzen gelernt. Die Furys können genießen. Sie trinken zum Essen gerne guten Wein und nach der Show mal Rum, Aalborgs Linie, Vodka mit Tonic oder Fernet, hegen eine Vorliebe für Flaschenbier, aber auch für gute Säfte. Mit ihrem Keyboarder, Gero Drnek, einem passionierten Hobbykoch und Küchensteher, kann man wunderbar fachsimpeln, und er scheint die Atmosphäre in unserer Küche zu mögen, zumindest verbringt er immer mehr Zeit bei uns als in seiner Garderobe.

Gero war nicht der Einzige »von der anderen Seite«, der sich in unserer Küche rumgetrieben hat. Marla Glen, die damals noch im Vorprogramm von Rory Gallagher auftrat und hypernervös war, drängte uns, kaum dass sie die Küche betreten hatte, vom Spülbecken weg und wusch erst mal ab wie eine Geisteskranke. Sie war total hibbelig und hektisch und wollte wohl einfach nur Energie loswerden oder Lampenfieber kompensieren. Und der Ostberliner Robert Beckmann, Frontmann der Inchies, kochte sogar mal selbst ein beeindruckendes »Zonengulasch«, für das er das gewürfelte Fleisch direkt in einer Gewürzmischung wendete und alles zusammen mit Kartoffeln und Sauerkraut in einem Topf kochte.

Meist nicken Stars ja nur scheißfreundlich, wenn wir

ihnen zum ersten Mal begegnen. Bedankt wird sich im Gästebuch, und internationale Stars gehen gerne auf Distanz. So wusste Ole gar nicht, wie ihm geschah, als Slash, der Ex-Gitarrist der GUNS N' ROSES, zu uns in die Küche kam, sich kurz vorstellte (»Hi, I'm Slash!«), das gute Essen lobte und Ole herzlich umarmte. Zum Abschied schenkte er ihm persönlich noch eine Baseball-Kappe seiner Band Snakepit, die, wie Slash scherzhaft anmerkte, unser Essen gar nicht zu schätzen wüsste, weil sie so viel Crack rauche.
Andere Bands bedanken sich auf ihre Weise. So kamen der Gitarrist und der Bassist der Bones, deren CD ständig in der Küche lief, mal nach dem Lunch und brachten uns ein Ständchen. Den schönen Brauch des »Küchenkonzerts« hatten einst die Busters eingeführt. Als sie wegen eines Unwetters bei einem Open-Air-Konzert der Ärzte in Hildesheim nicht auftreten konnten, spielten sie halt einige ihrer Songs mit Kochlöffeln, Töpfen, Pfannen, Gitarre und Trompete in unserer Küche. Das klappt sogar ohne Instrumente: Beim »Auswärtsspiel« mit den Toten Hosen sangen sie uns ein paar Lieder a cappella. Mitten in ihrem Vortrag fiel zwar plötzlich der Strom aus, doch das störte sie nicht weiter. Wir zündeten Kerzen an, machten uns ein Bier auf und lauschten gerührt dem Privatgig.

Ich packe meinen Koffer …

Gertrud ist auf jeder Tour dabei. An Gertrud geht jeder Mitreisende mehrmals täglich ran. Gertrud ist sehr still und verhält sich äußerst unauffällig, ja, sie steht meist regungslos in irgendeiner Ecke des Cateringraumes. Gertrud trägt Plüsch und ihre Kiste hat Packmaß. Gertrud hat es in sich. Wer die RGF kennt, kennt Gertrud. Gertrud ist nie krank, sieht von Tour zu Tour immer schrappiger aus und Boa warf mal mit einer Weinflasche nach ihr.
Gertrud ist ein Flightcase, das als Besteckkasten, den wir mit rotem Plüschstoff ausgepolstert haben, Tassenregal und Transportmittel für Frühstücksaccessoires dient. Sie ist schwarz lackiert, aus Holz, hat viele Kratzer vom täglichen Gebrauch und drei wunderschöne rot gestrichene Schubladen für Flaschenöffner, Korkenzieher usw. Sie ist selbst gebaut (zumindest der Ausbau), bei genauerem Hinsehen allerdings ziemlich stümperhaft. Gertrud heißt Gertrud, weil sie ein emailliertes Schild schmückt mit der Aufschrift »Bei Gertrud«, das wir vom »Frühstyxradio« geschenkt bekommen haben. Wir haben Gertrud sehr lieb, ebenso wie unsere Kühlschränke, Herdplatten, einen kleinen Ofen und was man halt zum Kochen so braucht: eine elektrische Kaffeemühle zum Pfeffer- oder Körnermahlen, eine Lockengelötmaschine aus dem Asia-Laden, mit der man lustige Schnüre aus Möhren oder Rettich machen kann, oder Riesen-Pinzetten zum Wenden von Fleisch.

Diese Utensilien sind wirklich sehr praktisch. Man hat stets frisch gemahlenen Pfeffer, ohne dass man sich einen Wolf dreht. Mit der Lockengelötmaschine, einem unscheinbaren Plastikteil, das wir mal für satte 149 Mark gekauft haben, lassen sich dicke Knollen oder Wurzeln wunderbar zu dünnen Spindeln verarbeiten, was später auf dem Teller sehr imposant aussehen kann. Und mit einer Pinzette kann man etwas aus dem Topf oder der Pfanne holen, ohne dass man sich die Flossen verbrennt oder das Gargut mit einer Gabel kaputtstechen muss.

Neu sind solche Pinzetten in Deutschland sündhaft teuer, weshalb kaum ein Küchengeschäft diese großartigen Werkzeuge führt, die ursprünglich nur in medizinischen Bereichen verwendet wurden. Der Skandinavier jedoch hat Sinn für ästhetische Küchenarbeit. Er erfand die Küchenrolle samt Ständer oder das Brotbrett mit Krümel-Auffangboden. In Dänemark gibt es die Pinzetten schon lange in jedem bürgerlichen Küchenladen etwa zum gleichen Preis, den man hier auf dem Flohmarkt zahlt. Obwohl wir schon seit unseren Lehrzeiten mehr und mehr Köche getroffen haben, die damit arbeiten, und noch mehr, die gerne eine Pinzette hätten, hat hierzulande die Küchenwerkzeugindustrie noch nicht reagiert. Nur »Global« führt ähnliche Küchenzangen im Designerlook.

»Global« kommt aus Japan und ist zu Recht bekannt für seine guten Profimesser (neben den ebenfalls japanischen »Haiku«-Messern; beide zählen übrigens zu unseren Favoriten). Obwohl wir damit ganz gut bestückt sind, bringt eigentlich jeder unserer Köche stets seine eigenen mit, weil sich jeder auf seine Lieblingsmesser eingeschnitten hat. Am besten wetzt jeder sein Messer selbst, weil jeder einen anderen Schleifgrad hat. Das Messer wetzen, also am Wetzstahl abziehen, macht

man aus dem Gefühl heraus. Manche ziehen steiler ab, andere flacher. Sobald aber jeder mal dran rumwetzt, wird ein Messer stumpf. Dann kann man es auch gleich in die Spülmaschine packen.
Für ein Messer sollte man in jedem Fall schon etwas mehr ausgeben. Denn mit einem scharfen japanischen Messer aus jahrhundertealter Schwertschmiedetradition zu schneiden, macht einfach Spaß, und außerdem verletzt man sich nicht so leicht, weil man mit einer stumpfen Klinge schneller abrutscht. Sollte man sich doch schneiden, verheilt die Wunde wenigstens narbenfreier als bei einem Schnitt einer stumpfen Klinge, die die Haut mehr aufreißt als schneidet.
Was das angeht, ist es bei Ole allerdings egal, ob sein Messer scharf ist oder nicht. Der säbelt sich immer dann in den Flunken, wenn er mit seinen Gedanken bereits beim nächsten Arbeitsschritt oder ganz woanders ist. Da kann das Messer nun echt nichts für. Und auf eine Narbe mehr oder weniger kommt es bei ihm auch nicht mehr an.
Wie gut, dass wir nicht auf Gas kochen. Ole würde sich vermutlich permanent an den Griffen von Töpfen und Pfannen verbrennen, die auf Elektroplatten lange nicht so schnell heiß werden, weil er sein Touchon, einen Profi-Topflappen, vergisst oder es pitschenass ist. Gerade die Feuchtigkeit leitet die Hitze besonders gut und schnell hat man sich verbrannt.
Ob man in einer gusseisernen oder in einer beschichtete Pfanne Fleisch scharf anbrät, ist Köchen in der Regel ziemlich latte. In den meisten Betrieben herrscht eh permanenter Equipmentnotstand. Man kann es im Topf anbraten, wenn nichts anderes da ist, dann spritzt es wenigstens nicht so, oder in einer Blechschüssel kochen. Wichtig ist nur, dass der Boden einigermaßen eben ist und Pfanne oder Topf mit der Herdplatte ab-

schließen, damit Hitzekontakt besteht und nicht so viel Energie und Zeit flöten gehen, was bei Gasherden wieder egal ist. Wenn man natürlich Auswahl hat, entwickelt man Vorlieben für verschiedene Behältnisse und Gerätschaften. Da hat jeder seinen eigenen Kopf. Fabian etwa hat Pfannen gerne und macht darin alles warm. Dabei sind sie dann meist so überfüllt, dass der Inhalt über den Rand zu schwappen droht. Aber das muss Fabian selbst wissen. Dem Essen ist es einerlei und dem Geschmack auch.

Knoblauchpressen hingegen finden alle Köche überflüssig. So eine Zehe ist viel schneller geschnitten, zerhackt oder mit der flachen Seite vom großen Messer zerquetscht als durch eine Presse gedrückt, und sauber gemacht werden muss das Scheißding auch noch. Meist sind die Pressen so schlecht, dass sie die Zehen in großen Stücken eher an den Seiten rausmanschen, als sie komplett durch die Löcher zu drücken. Der Däne hat die bestimmt nicht erfunden. Außerdem bietet es sich bei warm zuzubereitenden Speisen an, die Zehen anzudrücken und im Ganzen, ruhig mit Pelle, zu verwenden. Sie sind dann später leicht wieder rauszufischen, falls man Angst hat, jemand könne draufbeißen.

Was wir beide allerdings richtig eklig finden, in einfacheren Küchen jedoch oft vorkommt, ist Knoblauchzehen in Öl mit dem Mixstab zu pürieren, um es tagelang ungekühlt im Mise en Place zu haben. Unten setzt sich eine widerliche, von Tag zu Tag immer dunkler und stinkiger werdende Schlacke ab, aber das Öl wird gnadenlos benutzt. Vielleicht schmeckt das am Ende ja gar nicht so schlimm, wie es aussieht, aber eklig ist es doch! Bei Aioli ist diese Technik durchaus praktisch.

Trotzdem gehört eine Knoblauchpresse in unser Köfferchen, da es schon einige Patienten gab, die danach

fragten, um sich, ihrer Gesundheit zuliebe, jeden Tag ein halbes Knöllchen auf ihr Butterbrot zu drücken.
Was braucht man sonst noch in einer Küche? Wir benutzen gerne gezackte Spritztüllen, mit denen man ziemlich fix die Strünke von Tomaten herausdrehen kann. Das bietet sich besonders dann an, wenn man ein paar Kilo vor sich hat. Die Funktion eines Eisportionierers haben wir zum Anrichten um eine Funktion erweitert. Man muss nur ein »R« davor setzen.
Und ganz wichtig sind natürlich Bleche, nicht nur zum Backen: gewaschene Pfifferlinge oder Beeren auf Küchenkrepp trocknen, zum Braten verurteilte Tiere würzen oder zwischenlagern, Maisgrütze für Pizzapolenta ausstreichen oder Pellermänner auskühlen lassen. Wir haben, als wir nichts anderes zur Hand hatten und es schnell gehen musste, sogar schon mal ein Salatdressing darauf angerührt. Und ganz ehrgeizige Kochprüflinge können eines neben ihrem Arbeitsbrett hochkanten, damit keiner abkocht.
Als sehr zuverlässige Behälter haben sich Volvic- oder andere Wasserflaschen aus Plastik erwiesen, die sich gut verschließen lassen. Darin transportieren wir Öl, Aprikosenschnaps, Essig, Sojasauce, Dressings oder Zitronensaft, wenn der Originalbehälter zu groß, zu alt, zu versifft ist oder der Deckel fehlt, was in festen Küchen ja egal ist. Die müssen ja nicht über Nacht durch die fiesesten Schlaglöcher Deutschlands kutschiert werden.
Extrem praktisch sind auch »K-umos«, Plastikgefäße mit Deckel zur Aufbewahrung von Lebensmitteln, die *K*ai-*U*we *Mo*ll, daher der Name, eingeführt hat und keine 50 Cents kosten. Und Müllbeutel sollte man sowieso immer zur Hand haben, damit man alles gleich wegwerfen kann, was einem nicht gefällt.

Gäste müssen abdrücken

Im Prinzip ist ja Kochen nichts anderes, als verschiedene Formen, Farben und Konsistenzen mittels verschiedener Techniken und Temperaturen, geschmacklich aufeinander abgestimmt, vor- und zuzubereiten. Außer bei »klassischen« Gerichten, die in alten Küchenbibeln wie dem »Hering« katalogisiert sind, wo die Tradition exakte Vorgaben macht, wie etwas zu kochen ist, gibt es keine Regeln, solange das Endprodukt überzeugt. Das »Wiener Schnitzel« beispielsweise muss vom Kalb sein (wenn es nicht als »Wiener Art« auf der Karte steht). Als »Garnitur«, nicht zu verwechseln mit »Dekoration«, schreibt »Herr Hering« vor, ist eine entrindete Zitronenscheibe zu reichen, darauf eine eingerollte Sardelle, die mit drei (!) Kapern gefüllt wird. Die Garnitur ist fester Bestandteil eines (klassischen) Gerichtes, die geschmacklich für dieses Essen wichtig ist, während eine »Deko« zwar essbar sein und schmecken, aber, wie der Name schon sagt, das Gericht toll aussehen lassen soll.

Da wir selten in diesem traditionellen Sinne kochen, könnte man meinen, wir tun dies, weil wir alles Althergebrachte verabscheuen wie der Teufel das Weihwasser. Dabei gibt es ohne Ende Klassiker, die es verdient haben, Evergreens zu sein. Nur wurde Ole von seinen Berufsschullehrern die ganze liebe Lehre lang dazu verdammt, für die Prüfung tonnenweise klassische Garnituren auswendig zu lernen.

Während die »Klassiker« meist nach Namen der Erfinder oder prominenter Liebhaber benannt sind (»Bismarckhering«) oder nach Regionen (»Hamborger Pannfisch«, »Leipziger Allerlei«), betitelt man heute die Gerichte nicht so ernst oder streng. Zum Beispiel reichen wir zum Steinbeißer, den wir braten und dann in einer Krume aus Pinienkernen wälzen, eine herkömmliche Injektionsspritze, aufgezogen mit passiertem Pesto. Abdrücken muss der Gast selbst. Der Name ergab sich von alleine: Junkfisch.
Der Begriff der Resteverwertung klingt in den Ohren der meisten Menschen ziemlich fies. Bleibt vom Vortag etwas Lauchgemüse und Kartoffelgratin über, kann man das mit etwas Fond und Sahne aufkochen und pürieren und gegebenenfalls noch mal abschmecken. So erreicht man, jedenfalls wenn die beiden Basiszutaten in ihrer ursprünglichen Form nicht massiv misslungen sind, eine sehr leckere Suppe. Kartoffelpüree gibt eine gute Haltemasse ab, wie man sie für gefüllte Zucchini verwenden kann: einfach ein bisschen Kartoffelpüree unter die Pilze, Kräuter, Trockentomaten mischen, vielleicht noch etwas Käse drüberreiben und gratinieren.
Am letzten Tag der Rosenstolz-Tour hatten wir noch etwas Rinderfilet und Steinbeißer vom Vortag übrig, allerdings von keinem der beiden Tiere so viel, dass es für zwei verschiedene Gerichte gereicht hätte. So schnitten wir das Filet in Streifen, marinierten es und wickelten es in den Steinbeißer. Das Ganze haben wir dann »Rindstein« genannt.
Natürlich verarbeiten wir möglichst viele Reste aus rein wirtschaftlichen Gründen. Manchmal entstehen so Gerichte, auf die man erst beim Kochen kommt. Das ging unseren Vorfahren auch nicht anders. Schließlich gibt es haufenweise klassische Gerichte, die ver-

mutlich eine ähnliche Geschichte haben: »Soljanka«, »Labskaus« oder »Hamburger Aal Suppe«. In ihrer Urversion war kein Stück Aal darin, denn mit dem »Aal« im Namen war nicht der lange dünne Aasfresserfisch gemeint, sondern alles. Auf Hochdeutsch hieße sie also »Hamburger Alles Suppe«. Sonst hätte man sie ja vielleicht »Aas Suppe« getauft. Unseren geliebten »Hamborger Pannfisch« hingegen hat man erfunden, um alle Fischfiletreste, egal von welchem Tier, in einer Senfsauce mit Bratkartoffeln zu verstecken. Kartoffeln und Fisch in einer Pfanne gebraten und Sauce rübergekippt sieht vielleicht auch nicht gut aus, aber es schmeckt köstlich!

Der Name eines Gerichtes ändert sich bei uns oft zweioder dreimal während des Kochens und wird erst drei Minuten, bevor das Essen rausgeht, endgültig festgelegt. Oft fällt einem ein guter Name erst ein, wenn alles fertig zubereitet ist. In Magdeburg haben wir mal

Doradenfilet auf in Tomatensaft gekochter Polenta angerichtet. Die für den nächsten Tag vorbereiteten Schinkenchips (eine getrocknete Schinkenscheibe) wurden kurzerhand als Segel schräg und hochkant in den Fisch gesteckt, vier große Kapern aufgetürmt wie kleine Kanonenkugeln und am »Bug des Fisches« platziert. »Die Kaperfahrt im Roten Meer« war geboren.
Es ist jedoch nicht so, dass wir permanent vor lustigen Ideen übersprudeln. Wenn uns kein in unseren Augen wirklich guter Name für ein Essen einfällt, benennen wir es ganz herkömmlich nach dem, was es ist: Rinderfiletroulade mit Pflaumenchutney, Pfannenkürbis und Zimtkartoffeln.

100 Kilo Eis und der Black Doctor

Statistisch gesehen sind Rouladen das Lieblingsessen deutscher Männer, und da machen auch unsere Gäste keine Ausnahme. Pellkartoffeln mit Quark, Reibekuchen oder Fischstäbchen mit Spinat und Kartoffelpüree sind stets ein Renner.

Weil man mit vollem Bauch nicht sonderlich effektiv arbeitet, sollte das Essen auf Tournee sowohl leicht verdaulich sein als auch satt machen. Zum Lunch bieten wir gerne deftige Mahlzeiten an: Grünkohl mit Kassler, Gulasch oder Senfeier, während es zum Dinner schick angerichtete »Yuppie-Gerichte« gibt.

In der Regel hält sich der Schnitt an Gourmets und Gourmands die Waage. Nicht jeder Musiker ist ein Gourmet, aber nicht jeder langhaarige, tätowierte Trucker ist ein Fast-food-Junkie. Fury-Gitarrist Christof Stein-Schneider würde vielleicht durchaus eine Currywurst einem »Kaninchen mit Mandel-Knoblauch-Sauce« vorziehen, ein Lieblingsessen seines Sängers Kai.

Campino von den Toten Hosen isst zwar sehr gerne Sushi, auf Tournee gibt es für ihn aber nur Nudeln. Diese Marotte hat er sich von den Eishockey-Spielern der Düsseldorfer EG abgeguckt, mit denen die Toten Hosen trainiert hatten, um sich auf das Match gegen die Leningrad Cowboys vorzubereiten. Seitdem schwört er, dass ihm das einfach besser auf der Bühne bekomme. Den Fehler, sich auf Inline-Skates, auf denen er oft vor dem Soundcheck mit Breiti und Andi Rollhockey in der noch leeren Halle spielt, den obligatorischen Teller Spaghetti mit Tomatensauce abzuholen, macht er allerdings nicht mehr, seit er damit mal ins Stolpern kam und sich aufs Maul packte.

Wo liegt das Problem, wenn Rosenstolz nur dunkles Brot mögen oder die Fantastischen Vier zu ihren üblichen Busbestückungen eine Käseplatte mit Weintrauben, Oliven, Brot und Rotwein haben wollen? Solche Wünsche gehören dazu. Und Kräutertees, Nudeln oder Hühnerbrühe sind Kleinigkeiten, die den Musikern das Leben auf Tour so angenehm wie möglich machen sollen.

Für den Hund von Thomas D haben wir auf der Fanta-4-Tour sogar Reis und Gemüse gekocht, und den Beastie Boys Ginsengwurzeln und Spinat vom Öko-Bauern besorgt. Sie sind, wie auch Thomas D, überzeugte Veganer, die ja Milchprodukte verabscheuen.

Solche Essgewohnheiten sind uns allemal lieber als die des gemeinen Amerikaners, der sich dadurch auszeichnet, dass er keinen Kaffee trinkt, sondern Pepsi-Max mit ganz viel Eis. Als wäre es in Deutschland so heiß wie im Sommer in Texas. Gerne bestellt der Ami-Band-Chef für sich und seine kleinen dicken Zickenbartfreunde 100 kg Mundeis für den Bus, ohne sich zu fragen, wo zum Henker 100 kg schmelzendes Eis in einem 16-Betten-Bus verstaut werden sollen und wofür sie es überhaupt brauchen. Schließlich ist der Bus doch mit Kühlschränken ausgestattet, die bis zum Rand mit ebenfalls maßlos bestellten Getränken gefüllt sind.

Leidet jemand unter Übelkeit oder ist jemand erkältet, greift der Ami ebenfalls zu Cola, die er dann »black doctor« nennt. Und alles muss natürlich »light« sein – die Cola, das Bier, die Zigaretten. Chips dürfen höchstens »low fat« sein, und das Sandwich darf auf keinen

Fall getoastet werden, weil es ihm dann zu hart (!) ist. Dafür haut er sich dann auf jede Speise reichlich Ketchup drauf – Zuckergehalt: 50 % –, der natürliche Zuckerbedarf will ja schließlich trotz Cola-Light und Diet-Candys gedeckt werden.

Trotz aller »No Sugar!«-Produkte ist der gemeine Ami fett wie sonst kaum jemand. Oder gerade deswegen. Denn die wenigsten wissen ja, dass sich ihr Körper nicht genauso leicht verarschen lässt. Wenn er Zuckeraustauschstoffe aufnimmt, denkt der Körper: Ey, cool, da kommen gleich Kalorien, die ich verarbeiten muss. Er produziert sogleich die dafür notwendigen Säfte, wird aber sauer, wenn die Kalorien dann ausbleiben. Also versucht er es mit der Psycho-Tour. Ein permanentes Hungergefühl breitet sich aus. Die Viehzüchter sind übrigens schon lange auf diesen Trichter gekommen. Sie setzen Zuckeraustauschstoffe als Appetitanreger in der Schweinemast ein!

Nicht nur ihre Art, sich zu ernähren, auch ihre Tischmanieren lassen für gewöhnlich zu wünschen übrig (die sollten sich mal ein Beispiel an schwedischen Bands nehmen!). Als hätten sie noch nie gehört, dass es Aschenbecher gibt, drücken sie gewöhnlich ihre »Low fat«-Zigaretten in ihren »sugar-free«-Essensresten auf dem Teller aus. Und wenn sich ein Ami, selbst neben einem Papierkorb oder Mülleimer stehend, eine Apfelsine schält, schafft er es nicht, seinen degenerierten Kadaver um 45 Grad zu drehen, und lässt die Schale einfach auf den Boden fallen. Er ist es halt gewohnt, dass man ihm seinen Arsch hinterherträgt.

Der kleine nervende Busfahrer von Rod Gonzalez

Konzerte beginnen ja bekanntlich erst um 20 Uhr, weil die Künstler vorher noch etwas essen müssen, damit sie später nicht völlig entkräftet von der Bühne fallen. Ab 18 Uhr herrscht deshalb in der Küche Hochbetrieb. Manche warten schon um fünf Minuten vor sechs darauf, dass die RGF ihnen einen Teller anrichten, andere lassen sich damit etwas mehr Zeit, aber richtig eng wird es für meinen Ole und Jörg nur, wenn alle auf einmal zu den Fleischtöpfen strömen; wie an jenem Tag im April 1995, als sie die weltberühmten HipHopper Warren G. & The Gfunk Era im Hamburger »Dock's« bekochen mussten.

Nachdem eine halbe Stunde verstrichen war, ohne dass sich ein Rapper hatte sehen lassen, stand plötzlich die ganze Possee in der Küche und war vor Hunger fürchterlich am Dissen. Der Tourleiter, sonst wohl nur Fast Food gewöhnt, inspizierte ungefragt die Töpfe und bemerkte abschätzig: »Ah, one of those fresh cooking stuff ...« Und obwohl genug für alle da war, klauten sich die Rapper gegenseitig das Essen vom Teller. Ihr Management hatte es anscheinend versäumt, sie zu »Double XXposure« zu schicken, einer Charme-Schule für Gangsta-Rapper, die über Nacht berühmt gewordenen Ghetto-Kids beibringt, wie man mit Messer und Gabel umgeht. Okay, was ein Messer ist, wussten sie schon ... aber Ole und Jörg fühlten sich doch etwas unwohl inmitten all der wild gestikulierenden und im

unverständlichen Slang brabbelnden »motherfuckin' motherfuckaz«.
Um 20 Uhr standen alle auf der Bühne und das Konzert begann. Alle bis auf einen kleinen, unscheinbaren Busfahrer, Helfer oder so von der »Reisegruppe G.«, der den beiden Köchen zuvor schon besonders unangenehm aufgefallen war. Während die Band Schallplatten zerkratzte und Styles von der Bühne ließ, lungerte er immer noch bei ihnen in der Küche rum und verlangte mehr Essen. »Du hast doch gerade einen Teller gehabt wie alle anderen auch ...«, gaben sie ihm zu verstehen, während sie die per Catering-Anweisung georderten Hamburger für die »After Show« abklappten. Doch der kleine Nerver nervte immer weiter: »I'm starvin', I'm starvin'!«, sodass sie ihm schließlich eine Tüte Chips rüberschoben und ihm auf sein permanentes Drängen hin versprachen, eine Portion Hamburger mit seinem Namen zu beschriften. »What's your name?«, fragte mein Ole ihn. Der antwortete »I am Warren«, allerdings wieder so unverständlich, dass Ole, mittlerweile voll auf Zinne, ihn ziemlich ungehalten anschnauzte: »I'm worry too! But, what is your name, pleeeeease?!?« Woraufhin der Nervbolzen vom Tourleiter ein Mikro in die Hand gedrückt bekam, auf die Bühne geschubst und vom Publikum begeistert begrüßt wurde. Nun war klar, wer der kleine nervende »Busfahrer« war, mit dem mein Ole gerade im Begriff war »sich anzufreunden«.

II. Wie alles anfing

Punkrock & Pflaumenkuchen von Jörg Raufeisen

Steckbrief
Geboren: 1966 in Hamburg
Aufgewachsen, ausgebildet und zivil gedient: in Mölln
Wohnhaft: Mölln, Hamburg, Berlin, seit 1990 wieder Hamburg
Familie: ohne Ring, mit Töchterchen (3)
Vorlieben: Pauli, Punkrock, Pflaumenkuchen
Abneigungen: Bomben, Bush, Bimmelbingo
Lieblingsessen: Fisch und Thai Food

Seit ich denken kann, zumindest aber, seit ich als kleiner Junge in einer Bäckerei immer den Rand des Pflaumenkuchens frisch vom Blech geschenkt bekam, wollte ich Konditor werden. In wohl temperierten Räumen Meerschweinchen, Stiefmütterchen oder Billardtische aus Marzipan und Zucker zu zaubern, das erschien mir allemal verheißungsvoller und jörgkompatibler zu sein, als Bäcker zu werden, bei jedem Wetter nachts um drei zum Dienst anzutreten und 50 Kilo schwere Mehlsäcke die Kellertreppe hochzuschleppen und in riesige Bottiche zu kippen.
Geboren wurde ich an einem verregneten Nachmittag im Januar 1966 in Hamburg, aufgewachsen bin ich dann im so genannten Speckgürtel der Hansestadt, in Mölln, wo noch jeden Samstag der Rasen gemäht und jeden Sonntag das Auto gewaschen wird. Fernab von den gefährlichen, mehrspurigen Straßen einer Groß-

stadt, in durchaus kleinbürgerlichem Ambiente und nah am Waldrand, machten meine Eltern aus mir den guten Menschen, der ich noch immer bin.

Ich besuchte den kirchlichen Kindergarten, die Vor-, die Grund- und schließlich die Realschule. Doch ganz so friedlich, wie man glaubt, ging es auch in Mölln nicht ab. Zum Reihenhaus mit Vorgarten kam schon bald eine Garage für den Wagen meines Vaters dazu, damit die einheimischen Halbstarken nicht mehr die Antenne abknicken oder den Lack zerkratzen konnten.

Nachdem ich 1978 auf einem Smokie(!!!)-Konzert gewesen war, eiferte ich den älteren Dorfbengels nach und hörte Motörhead, Judas Priest und Thin Lizzy. Statt mir von meiner Konfirmationskohle ein Mofa zu kaufen und damit auf dem Hinterrad durch Mölln zu düsen, mich mit Cola-Rum zu betrinken und darüber zu lamentieren, wie man am besten Krümmer aufbohrt, investierte ich mein Geld lieber in eine Stereoanlage.

Die Wende in meinem Leben vollzog sich dann Weihnachten 1980, als ich das Ramones-Doppelalbum »It's Alive« geschenkt bekam. Von nun an lieferte ich mein bescheidenes Taschengeld im »Music Corner« ab, einem für provinzielle Verhältnisse außerordentlich gut sortierten Plattenladen.

Mit Sangria, Hasch und Musik von Slime wurde der Schulabschluss in der Raucherecke der A.-Paul-Weber-Realschule gefeiert, bis sich ein Lehrer an der Message von Slime – »Wir wollen keine Bullenschweine ...« – störte und mich »vorzeitig« aus der Schule entließ. Da hatte ich meine mittlere Reife allerdings schon in der Tasche.

In einem kleinen Café, das so aussah, wie es hieß: »Cafèstübchen«, begann ich meine Ausbildung zum Konditorgehilfen. Damals wusste ich noch nicht, dass der Pâtissier in der Gastronomie einen Sonderstatus genießt und von den Köchen verhöhnt, wenn auch gleichzeitig beneidet wird. Meistens arbeitet er etwas abseits in einem eigenen kleinen Küchenparadies, das über einen separaten Trockenraum und ein eigenes Kühlhaus verfügt. Die Pâtissiers sind oft sehr lockere und fröhliche Typen, was möglicherweise damit zu erklären ist, dass sie Zugriff auf den Alkohol haben, den sie für Desserts und andere feine Sachen benötigen. Sie sind nach der Arbeit nicht so verschwitzt wie ein Koch, der den ganzen Tag im Bratendunst gestanden hat. Und oft verstehen sie sich als Künstler und bilden sich etwas darauf ein, dass der Beruf des Zuckerbäckers, im Gegensatz zu dem des Kochs, in die Handwerksrolle eingetragen ist. Kochen kann jeder, das hat man sich schließlich früher auf hoher See oder im Knast selbst beigebracht.

Unter der strengen Herrschaft meines Chefs und Meisters lernte ich als Erstes, dass es ähnlich schlimm ist, ein Haus abzubrennen, wie zwei Minuten zu spät zur Arbeit zu kommen. Wir drei Auszubildende wurden damals noch Lehrlinge genannt und mussten alle anfallenden Arbeiten, von der Hochzeitstorte über sämtliche Backwaren und Teegebäcke, abwechselnd erledigen, sodass ich nicht nur abwaschen oder den Boden wischen musste, sondern wirklich alles lernte, was irgendwie mit Torten, Pralinen, Plunderstücken und anderem Backwerk zu tun hat.

Mein neues Hobby bestand schon bald darin, mit hauchdünner Schokolade oder Zuckerglasur Namen und Muster zu malen. Mein Verhältnis zum Meister konnte nicht besser sein und letztlich profitierte ich von seiner strengen Herrschaft, was mir erst dämmerte, als ich in der Berufsschule erfuhr, welch hohe Anforderungen die Prüfungskommissionen an mich stellten. Ich hatte es offensichtlich noch ganz gut getroffen.

Denn wie ich von anderen Berufsschülern erfuhr, mussten in »ihren« Konditoreien ständig Überstunden gekloppt werden. So viel Zeit wie mir wurde kaum einem anderen zugestanden, um sich auf die Prüfungen vorzubereiten, die ich schließlich angemessen mit Auszeichnung bestand.
In der Mittagspause ruderte ich immer öfter mit dem Kanu auf den Möllner See hinaus, der direkt an das Grundstück des Cafés angrenzte, um mich mit frischen Croissants und einem gepflegten Bier zu stärken und »Musik für junge Leute« zu hören. Der NDR, der damals seinen im Rundfunkstaatsvertrag festgelegten Kulturauftrag noch ernst nahm und nicht, wie heute, mit Privatsendern darum wetteiferte, wer den langweiligsten, nichts sagendsten Pop mit Niveau im Minusbereich sendet, bereicherte meine Mittagspausen, gerade weil er Independent-Platten spielte.
Damals begann ich auch, mich politisch zu engagieren. In Gorleben ließ ich Drachen steigen, angeblich konnten so die Polizeihubschrauber nicht landen. Mit Gleichgesinnten und Häkelpullis fuhr ich zum Ostermarsch, und bei Hausbesetzungen guckte ich natürlich auch gerne vorbei. Allerdings war ich schon bald die abendfüllenden Diskussionen der Grünen leid, in denen es darum ging, welche Farbe ein Transparent haben muss, damit es noch auf Schwarz-Weiß-Fotos zu erkennen ist, welcher Stoff bei Regen nicht zu schwer wird, oder wie man es verhindern kann, mit Kommunisten verwechselt zu werden. Eines Tages fiel mir dann während eines dieser wöchentlichen Meetings im »Landsknecht« (!) auf, dass ich der Einzige war, der noch Bier trank – alle anderen schlürften Kamillentee oder nippten an ihrem Mineralwasser. Der Preis, die Revolution in selbst gestrickten Socken vorzubereiten, mit einer Batiktasche um den Hals, erschien mir dann

doch zu hoch. Mitten in der Sitzung verließ ich den Raum, um eine zu rauchen – und kehrte nicht mehr zurück.

Ich absolvierte bereits meinen Zivildienst im Möllner »Augustinum«, einem Altersheim für reiche Leute. Die Arbeitszeiten waren okay: Morgens um 6:00 Uhr Beginn – 14:00 Uhr Feierabend, jedes zweite Wochenende frei – und das nutzte ich ausgiebig, um mir in Hamburg Konzerte anzusehen oder im »Totenschiff« und im »Dschungel« abzuhängen. Die Arbeit selbst war aber für jeden, der Essen liebt und weiß, was man alles Schönes mit Lebensmitteln anstellen kann, der reinste Horrortrip. Statt frischen Rosmarin oder Thymian neben eine Knoblauchzehe in die Pfanne zu werfen, wenn ein Stück Fleisch oder Fisch angebraten wird, musste ich den ganzen Tag lang Halb- oder Ganzfertigprodukte auf Bleche und Gitter packen, Tiefkühlgemüse in 400 Liter fassende Kessel kippen, Fertigcremes und Fertigsaucen anrühren. Trotzdem war es allemal besser, zu Hause zu wohnen, als in einem Achtbettzimmer zu hausen, und mehr Kohle zu bekommen als die Idioten, die beim Barras waren.

Nach dem Zivildienst fing ich im Hamburger Nobelhotel »Vier Jahreszeiten« als Pâtissier an. Die Küche befand sich in einem Keller ohne Tageslicht und Publikumskontakt. Wer unrasiert zur Arbeit erschien, bekam prompt einen Anschiss vom pingeligen Küchenchef, der sogar unter seiner Kochjacke Hemd und Schlips trug, was einen Teil des Personals trotzdem nicht davon abhielt, in der Bäckerecke zu kiffen oder Radio Hafenstraße zu hören.

Eine so frische, edle und exquisite Küche kannte ich noch nicht – auf Dauer war sie allerdings sehr langweilig und wegen der herrschenden Hierarchie wenig innovativ. Alte Säcke klopften sich gegenseitig auf die

Schultern, wie geil sie doch mal wieder die »neue« Karte geschrieben hätten, obwohl die meisten Speisen schon seit zwanzig Jahren auf dieselbe Art und Weise gekocht und angerichtet wurden. So musste ich beim Frühdienst in der Konditorei ein Jahr lang jeden Morgen exakt die gleichen Standardkuchen backen.
Tagsüber stellte ich Desserts und Teegebäck für die Bourgeoisie her, nach Feierabend buddelte ich Schutzgräben in der Hafenstraße oder widerstand Angriffen von Skinheads bei einem Konzert der Toy Dolls. Allzu lange konnte das nicht gut gehen, zumal mir das devote Verhalten der Kollegen gegenüber ihren Vorgesetzten mehr und mehr auf den Keks ging. Nachdem ich ein Jahr lang im »Vier Jahreszeiten« durchgehalten hatte, kündigte ich den vermeintlichen Traumjob und heuerte im »Steigenberger« in Berlin an.
Zunächst wohnte ich in einer Notunterkunft des Berliner Senats in der Knesebeckstraße, musste mir das Doppelzimmer aber mit einem sympathischen Ossi teilen, der wegen zweifachen Fluchtversuchs in der DDR im Knast gesessen hatte, bevor er freigekauft worden war. Er hörte AC/DC und ich die Lurkers, trotzdem verstanden wir uns gut, flogen aber bereits nach gut einer Woche wieder raus. Nicht etwa, weil wir mit unserer Musik die nächtliche Ruhe gestört hätten, sondern weil elektrische Geräte, außer Fön und Rasierer, in der Notunterkunft strikt verboten waren! Ein Verbot, das wir ignoriert hatten, weil es so absurd war.
Ohne dass ich damit gerechnet hatte, fand ich schon am nächsten Tag eine neue Bleibe – in einer WG am Gustaf-Müller-Platz in Schöneberg, die sich aus einem Halbkriminellen, einem liebenswerten Alkoholiker und einer netten Polin zusammensetzte. Die Miete, die ich für mein Zimmer zu zahlen hatte, entsprach wohl der Gesamtmiete, sodass der Hauptmieter, der die gesamte

Bude zu ähnlichen Konditionen untervermietet hatte, irgendwo anders auf der faulen Haut liegen konnte. Immerhin hatte ich wieder ein »Zuhause« und vom Balkon aus einen schönen Blick auf eine Kirche.
Im »Steigenberger« nahe der Gedächtniskirche war, verglichen mit dem Hamburger »Vier Jahreszeiten«, alles ein wenig lockerer. Zumindest kam mir das anfangs so vor. In Wirklichkeit war ich nur älter und reifer geworden und hatte gelernt, mit verkrusteten Strukturen besser umzugehen.
Allerdings konnte man als Pâtissier im »Steigenberger« auch eigene Sachen kreieren. Der Altersdurchschnitt war um einiges niedriger als im »Vier Jahreszeiten«, und die meisten Kollegen interessierten sich für kulinarische Neuschaffungen. Zur Wochenkarte, die vier verschiedene Desserts umfasste, gab es jeden Tag jeweils ein Tagesdessert zum Menü, am Mittag und am Abend. Man hatte weitgehend freie Hand bei der Mitgestaltung der jeweiligen Karte. Wenn aus einem der drei Kühlhäuser der Ruf »Telefon!« erschallte, versammelten wir uns alle zur nächsten Runde Sekt, den wir praktischerweise aus Suppentassen tranken. Sogar die Musik war hier besser, zumindest in der Pâtisserie, und vor allem dann, wenn ich die Cassetten eingelegt hatte. »Eines Tages wird es passieren, die Ratten werden unsere Erde regieren ...«, dröhnten dann die Mimmis aus den Lautsprechern, nicht unbedingt zur Freude des Küchenchefs, der vergebens versuchte, die Musik leiser drehen zu lassen.
Im »Steigenberger« lernte ich Ole kennen, der damals noch Olaf hieß. Ole nannte er sich erst viel später, als er im Hamburger In-Restaurant »Nil« arbeitete. Ole alias Olaf lernte Koch und legte nebenbei Platten im »Golgatha« auf, einer Disco-Kneipe mit Biergarten auf dem Kreuzberg. Vorwiegend unsäglichen Reggae, denn Ole

wohnte zu der Zeit mit einem Jamaikaner zusammen. Er war jedoch der Erste, der mit einem Irokesenschnitt zum Dienst erschien, und das machte ihn irgendwie sympathisch.
Schon bald entdeckten wir beide, dass wir eine ähnliche Arbeitsauffassung hatten, ähnlich schnell arbeiteten und einen dann doch ähnlichen Musikgeschmack hatten – auch wenn Ole etwas Zeit brauchte, um seinen zu verfeinern. Wenn wir zusammen Schicht hatten, waren wir immer als Erste fertig. Um keine wertvolle Zeit zu vertrödeln, verzichteten wir so manches Mal auf unsere Mittagspause.
Ich zog aus der »Verbrecher-WG« in eine eigene kleine Wohnung am Neuköllner Hermannplatz, dritter Hinterhof, Erdgeschoss, sonnengeschützte Lage, Kohleofen und relativ billig. Kurz: eine Idylle. Doch dann fiel die Mauer, und das Leben in Berlin wurde hektischer. Um zur Arbeit zu kommen, brauchte ich nun über zweieinhalb Stunden – zu Fuß. Die U-Bahnhöfe waren überfüllt oder gesperrt. Busse stoppten gar nicht mehr an den Haltestellen. Das Fahrrad war eh gerade geklaut. Wenn man ein Taxi rief, wurde man heiser. Der Mauerfall war wohl ein Zeichen. Ursprünglich hatte ich nur ein Jahr in Berlin bleiben wollen, jetzt war ich schon drei Jahre dort. Ich packte die Koffer, verließ die Stadt, die später noch zur Hauptstadt mutieren sollte, und besann mich auf meine Wurzeln:
»Das Herz von St. Pauli, das ist meine Heimat, in Hamburg da bin ich zu Haus. Der Hafen, die Lichter, die Sehnsucht begleiten das Schiff in die Ferne hinaus. Das Herz von St. Pauli, das ruft Dich zurück, denn dort an der Elbe da wartet Dein Glück.« (Hans Albers)

Yeah Yeah Yeah von Ole Plogstedt

Steckbrief
Geboren: 1968 in Berlin
Aufgewachsen, ausgebildet: in Berlin (gar nicht gedient)
Wohnhaft: bis 1990 in Berlin, seitdem in Hamburg
Familie: mit Ring, Kinder (9, 13 und 16) plus Zoo (4 Hunde, 2 Katzen, 13 Seidenhühner)
Vorlieben: Döner, Derrick, Dead Kennedys
Abneigungen: Faschos, Fertigsaucen, Folksmusik
Lieblingsessen: Fleisch mit Früchten

Was Essen angeht, war ich schon immer etwas wählerisch. Gleich nach meiner Geburt im März 1968 in Berlin-Lichterfelde verweigerte ich die Nahrungsaufnahme, sodass ich ein paar Wochen lang zwangsernährt werden musste, bevor ich aus dem Krankenhaus entlassen wurde.
Im zarten Alter von sieben Wochen beschloss ich, Koch zu werden und alles besser zu machen – ja, die Gastronomie zu revolutionieren, woran ich noch immer hart arbeite.
Auf Grund meines schmuddeligen Erscheinungsbildes könnte man meinen, ich sei zwischen ranzigen Matratzen in der Kommune 1 aufgewachsen und von total bekifften Hobby-Hebammen antiautoritär erzogen worden, zumal ich, was mein Geburtsjahr betrifft, ein echter 68er bin. Doch meine Mutter war Hausfrau,

mein Vater Grundstücksmakler, und beide waren froh, dass ich einen »soliden« Beruf erlernen und nicht Schauspieler, Tänzer oder Springreiter werden wollte. Mit meinem drei Jahre jüngeren Bruder hatten sie »weniger Glück«. Er baute sich mittelalterliche Instrumente, knotete sich Glöckchen an die Narrenschuhe und startete eine Karriere als Feuerspucker und Minnesänger auf Mittelalter-Märkten und Gauklertreffen. Obwohl wir uns in ziemlich verschiedene Richtungen entwickelten, haben wir jedoch eines gemeinsam – das Tourleben.

Kulturell war ich schon als Kind verdorben. Ich sah so ziemlich alles im Fernsehen, was die Glotze hergab: »Wickie«, »Lassie«, »Heidi«, sogar vor den unsäglichen Ratz und Rübe aus der »Rappelkiste« machte ich nicht Halt.

Ein Meilenstein in meiner Karriere als TV-Junkie war (und ist!) allerdings eine Reihe von dreizehn Filmen (heute sind es 14), die damals im DDR-Fernsehen lief – »Die Olsenbande«. Sie spielte in dem mir so vertrauten Dänemark, wo meine Eltern auf der damals noch kaum für den Tourismus erschlossenen Ostseeinsel Bornholm ein eigenes Sommerhaus hatten. Klar also, wo ich die meisten meiner Schulferien verbracht habe.

Jedenfalls hielt (und halte!) ich diese dänische Krimikomödie für wirklich großes Kino, und die Video-Edition davon mit der Original-Defa-Synchronisation (die BRD-Synchro ist totaler Schrott!) wird wohl immer einen Ehrenplatz in meinem Regal einnehmen. Noch heute zwinge ich alle paar Wochen meine Kinder, sich eine Folge meiner Wahl anzugucken – ein bisschen Kultur hat schließlich noch keinem geschadet.

Meine Kindheit verbrachte ich überwiegend im gesitteten Berliner Stadtteil Zehlendorf, genauer Dahlem, den ich gemeinsam mit meinem Klassenkameraden

Markus erkundete. Wir warfen Böller in Briefkästen, klebten Stinkbomben in die Scharniere von Ladentüren und brachen sogar mal ins Gartenbauamt ein – was man eben so macht, wenn man jung ist. Mit unseren Bonanza-Rädern fuhren wir unser Revier ab, das damals noch viele zugewucherte Grundstücke, zerbombte Häuser und einen alten Kellerbunker aufwies, in dem sich Junkies trafen, um sich einen Schuss zu setzen – im feinen Dahlem, wohlgemerkt. Mit unseren Cobra-Spielzeugknarren lieferten wir uns wilde Schießereien, die bisweilen sogar die Bullen auf den Plan riefen.
Markus' Eltern waren irgendwelche steinreichen Industriellen und wohnten in einer fetten Villa mit Swimmingpool im Garten. Als ich, wie ich es öfter tat, eines Tages dort übernachtete, bekamen sie Besuch von einem Freund, dem CDU-Politiker Peter Lorenz, der kurz zuvor von der »Bewegung 2. Juni« entführt worden war, um inhaftierte Mitglieder der »Revolutionären Zellen« freizupressen. Damals kannte ich weder ihn noch die Moritat über seine Entführung: »An einem schönen Donnerstag, es hatte grad getaut, da wurde Peter Lorenz aus Zehlendorf geklaut ...« Während die Erwachsenen Kaffee tranken, ließen Markus und ich uns von seinen Bodyguards, die in einem Nebenzimmer geparkt wurden, ihre Waffen zeigen und löcherten sie mit Fragen.
Einen politischen Durchblick (wenigstens ansatzweise), geschweige denn eine solche Meinung, hatte ich damals nicht – es gab Wichtigeres: »Klimbim«, »Nonstop Nonsens« oder Edes Denunzianten-TV, »Aktenzeichen XY ungelöst«.
Mit zunehmendem Alter fand ich es jedoch total scheiße, dass Atomwaffen stationiert, weitere Kernkraftwerke gebaut, Asylanten abgeschoben und Ronald Rea-

gan König der Welt werden sollten. Und schlimm waren natürlich auch die Popper. An meiner Schule gab es haufenweise solche schmierigen »Lacoste-Pullitränger«, aber auch einige »Alternative«, die sich ziemlich lieb hatten, Hannes Wader hörten, aber wenigstens ein politisches Bewusstsein besaßen. Mich zog es zu den drei Punks, die allerdings vom faschistoiden Rektor nach und nach der Schule verwiesen wurden, weil sie ein Kuhauge in einer Mandarinenschale zum Unterricht mitgebracht oder sich geweigert hatten, die Parole »Deutschland, verrecke!« von ihrer Lederjacke wieder zu entfernen.

Im Urlaub schon wieder mit Mama und Papa auf die dänische Felseninsel zu gurken und rote Pølser zu fressen, hat mir als Pubertierender so was von überhaupt nicht mehr die Smøre vom Brød gefegt, dass ich stattdessen meine Sommerferienplanung in die eigenen Hände nahm.

So trampte ich mit einem Kumpel nach Bayern, um meinen Hippie-Cousin zu besuchen. Auf der Fahrt nahm uns ein Typ in seinem VW-Bus mit, der eine Diskothek besaß und angeblich mal mit einem Mucker der Scorpions Musik gemacht hat. Er gab uns ein wenig Speed, zeigte uns stolz seine Tätowierung, einen abgefuckten Bundesadler mit »Ständer«, einer E-Gitarre in der Hand und einem Joint im Schnabel, und heuerte uns gleich als Ordner für ein Open-Air-Konzert mit der Spider Murphy Gang an, das am Tag darauf in Augsburg stattfand. So standen wir also im »Spider-Crewshirt« im Graben vor der Bühne und fühlten uns »saucool«.

So wollte ich fortan nur noch verreisen.

Meine erste Punk-Platte war »Pure Mania« von den Vibrators, und von der Kohle, die ich mir nach der Schule beim Klassenfeind – McDonald's – verdiente, hatte ich mir Platten von Exploited, Slime, Klischee usw. gekauft. Am Anhalter Bahnhof hingen wir am oder, wenn der Eingang mal wieder aufgebrochen war, im alten Wasserturm ab und tranken billigen Alkohol aus Dosen.

Meine letzte Trampertour, die ich ohne Kumpel bestritt, führte mich über Barcelona nach Ibiza, wo mir ein Typ erzählte, dass er hier zwei Tage später ein Konzert mit Nina Hagen, den Toten Hosen und Ramonez 77 veranstalte. Ich war pleite und somit froh, dass er mir einen Job als Kartenabreißer und Plakatkleber anbot und ich quasi Zeuge der vorgetäuschten Hochzeit von Nina Hagen und ihrem blutjungen Lover Iroquois wurde.

Außer Wölli, dem damaligen Schlagzeuger der Hosen, mit dem ich mich am Tag zuvor angefreundet hatte, als wir auf ihr Bierlager am Strand aufpassten, kannte ich keinen, und keiner kannte mich. Auf einer Tischtennisplatte neben dem Pool lagen Bohnen, Lauch und zwei Limonen rum. Da ich ohnehin nichts zu tun hatte, machte ich mich daran, aus den wenigen Zutaten, der spärlichen Gewürzauswahl und der Dose Aprikosen, die ich in der Küche von Ninas Sommerhaus fand, etwas Essbares herzustellen.

Ich kam mir vor wie McGyver beim Kochduell, als auf einmal ein paar Punks das Schwimmbecken stürmten – die Hosen. Nina Hagens Tochter Cosma Shiva, die von den »blöden Großen« vertrieben worden war, erschien daraufhin weinend, nackicht und klitschenass in der Küche. Obwohl erst sechs Jahre alt, war Cosma sofort begeistert von der Idee, einen Bohnensalat »für ihre Mama« zu machen. Als Kuddel, der Hosen-Gitarrist, auf der Suche nach irgendetwas wenig später in der Küche auftauchte, komplimentierte sie ihn äußerst charmant vor die Tür: »Raus hier – dis würd ne Üharaschunk!«

Der Bohnensalat wurde ganz lecker. Nur das mit der Überraschung hat nicht so ganz geklappt. Als er endlich fertig war, befand sich Cosmas Mama längst in einer anderen Umlaufbahn.

Ambitionen, aufs Gymnasium zu gehen und Abitur zu machen, hatte ich nie gehabt. Ich wollte Koch werden oder gar nichts. Und dafür benötigte ich, wie man mir im »BIZ« (Berufsinformationszentrum) sagte, nur die mittlere Reife. Also bewarb ich mich im »Steigenberger«, wo ich allerdings erst mal ein Jahr lang als Page dienen musste, weil ich kein Abi hatte, bevor man bereit war, mich auszubilden. Immerhin lernte ich so, dass man umso mehr Trinkgeld erhält, je unfreundlicher man ist.

Am ersten Tag meiner Lehre sollte ich zur Berufsschule gehen. Also pilgerte ich dorthin, erfuhr aber, dass mein Berufsschultag von Montag auf Donnerstag verlegt worden war. Statt mich daraufhin im Betrieb zu melden, ergriff ich die Gelegenheit, nichts zu tun, weshalb mein sehr dominanter Küchenchef mich am nächsten Tag vor der versammelten Mannschaft zur Sau machte. So begann ich meine Lehre etwas eingeschüchtert und kleinlaut.

Die Küche war in vier verschiedene Posten eingeteilt: den Gardemanger (Salate und kalte Vorspeisen), den Entremetier (Suppen, Gemüse und Sättigungen), den Saucier (Fleisch, Fisch, Saucen) und den Pâtissier (Süßspeisen und Backwerk). Meine erste Station war der Gemüseposten.

Anfangs hatte ich ziemliche Probleme, mich der strengen Hierarchie zu unterwerfen, sodass ich sogar schon die Lehre schmeißen wollte. Einige der Aufgaben, die mir von den Jungköchen, Commis genannt, übertragen wurden, empfand ich schlichtweg als schikanös. So sollte ich fünf Kilo Möhren, Sellerie, Kohlrabi und

Lauch in kleine Würfel schneiden. Um mir zu zeigen, wie klein die werden sollten, hielt mir der Commis zwei identische Gemüsewürfelchen mit der Kantenlänge von exakt einem Millimeter vor die Nase und gab mir zu verstehen: »Der Rechte ist der Kleinste und der Linke der Größte! Hackengas!«
So ließ man mich, Ole Aschenbrödel, mit der Misere allein, fragte aber alle fünf Minuten nach, ob ich endlich fertig sei, es gäbe schließlich noch viel mehr zu tun.
Zwei Lichtjahre später hatte ich diese durchaus therapeutische Aufgabe erledigt, musste mir anschließend unendlich viele Beispiele für meine nicht korrekt großen Würfel zeigen lassen, die in der affektierten Küchensprache der Froschfresser »Brunoises« genannt werden.
Nachdem ich mir das Gemecker angehört hatte, sollte ich sie blanchieren, aber so, dass sie noch »Biss« haben, was ich als paradox empfand, da doch die kleinen Dinger überhaupt keine Fläche für einen »Biss« boten. Was Blanchieren genau ist, wusste ich noch nicht, und ließ mir erklären, dass es sich hierbei um das kurze Kochen eines Lebensmittels mit anschließendem Abschrecken in Eiswasser handele. Das hätte zum einen den Vorteil, dass man tatsächlich kleinste Würfelchen mit »Biss« kochen könne, da man durch das Abschrecken sofort das Nachziehen des Gemüses verhindert, und es zum anderen seine volle Farbe behält. Damals, zur Zeit der »Nouvelle Cuisine«, wurde so ziemlich alles blanchiert, was nicht schnell genug in der Pfanne war, ohne einen Gedanken daran zu verschwenden, dass die Gargüter dadurch immens auslaugen, besonders sehr fein geschnittenes Gemüse, das ja eine viel größere Oberfläche bietet. Aber wehe, man hat mal den Blattsalat, der kurz nach dem Ernten ohnehin fast alle Vitamine verliert, etwas zu lange im Wasser liegen lassen!

Die großen Blätter des frischen Spinats, den ich bereits zuvor aufwändig waschen und putzen musste, sollten ebenfalls blanchiert werden. Mindestens 200 schöne Blätter wurden benötigt, die ich nach dem Abschrecken zwischen zwei Geschirrtüchern sorgfältig einzeln ausbreiten musste, um ihnen die letzte Feuchtigkeit zu entziehen. Der Hammer kam aber erst noch. Ich musste Möhren zu langen, dünnen, gleichmäßigen Bändern schneiden und so blanchieren, dass sie flexibel werden, aber nicht reißen (was eigentlich gar nicht geht). Die Möhrenbänder sollten dann als Kordeln für Spinatblatt-Säckchen dienen, die mit Brunoises zu füllen waren. 200 Portionen! Das hieß Überstunden – für so 'n langweiligen, faden Scheiß!

Im ersten Lehrjahr wurden die Azubis oft und gerne zum »Eierdienst« abkommandiert, der für die 900 Hotel-Gäste das Frühstücksbuffet zuzubereiten hatte und den Roomservice erledigen musste. Der Gardemanger-Stift war zuständig für die Käse- und Wurstplatten und das Bircher Müsli, und der Pâtissier-Lehrling für Croissants, Kopenhagener Gebäck und den Obstsalat. Der Saucier hatte dagegen erst um 7 Uhr Dienstbeginn – nicht umsonst nennt man ihn »Königsposten«. Für mich bedeutete das, aus 1000 Eiern Rührei zu machen, Würstchen und Speck zu braten und Spiegeleier auf Bestellung in die Pfanne zu hauen.

Der Eierdienst begann morgens um fünf, war nicht wirklich spannend und ohne unbezahlte Überstunden kaum zu schaffen. Kein Wunder also, dass ich mich lieber zum Spätdienst im »à la carte«-Geschäft des sehr noblen Parkrestaurants einteilen ließ.

Frühes Aufstehen war für mich ein mit Qualen, ja fast mit echten physischen Schmerzen belegtes Ritual. Schon in meiner Pagenzeit hatten mich die scharfen Telefonistinnen auf Anweisung des Empfangschefs,

der volles Verständnis für mich hatte, jeden Morgen telefonisch geweckt. Um nach meinem nicht so repräsentativen Einstieg in Sachen Zu-spät-Kommen bei der mittlerweile gewechselten Küchenführung kein allzu schlechtes Bild zu hinterlassen, wurde ich erfinderisch und funktionierte diesen Super-Frühdienst für mich zum Super-Spätdienst um. Meine nächtliche Tour durch diverse Kneipen, Discos und Bars, in denen ich nebenbei den Tresen machte, Platten auflegte oder abfeierte, beendete ich mit meinem Gang zur Arbeit. Geschlafen habe ich, wenn überhaupt, nach dem Dienst. Am Wochenende ging es danach sogar manchmal wieder direkt zurück in den Club.
In dieser Zeit hatte ich für die Berufsschule gar kein Verständnis und ließ sie sehr oft ausfallen, was zunehmend ernste Gespräche im Küchenbüro nach sich zog. Mein neuer Küchenchef erwies sich dennoch als ziemlich tolerant, und irgendwann gelangte auch ich zu der Einsicht, dass es wohl besser wäre, ein wenig mehr Kraft in meine Ausbildung zu stecken, wenn ich meine Lehre im »Steigenberger« erfolgreich beenden wollte.
Bald schon kannte ich mich in der Küche aus wie kaum ein fertiger Koch, und ich hätte mir durchaus zugetraut, seinen Posten alleine zu schmeißen. Besser als so manche fachliche »Vollhupe« hätte ich es allemal gemacht.
Im Gegensatz zu vielen meiner Berufsschulkollegen, die mitunter schon ab der zweiten Woche ihrer Lehre für einen Posten verantwortlich gemacht wurden, weil das kostengünstiger ist, als wenn man einen gelernten Koch beschäftigt, hatte ich mit der »Akademiker-Lehrstelle« im Steigenberger ein wirklich gutes Los gezogen. Die Ausbildungsqualität meiner Lehre war doch deutlich höher als die so mancher anderer Schuppen.

Mit der Zeit mauserte ich mich zum schnellsten Stift. Pfuschen, unter Köchen »wichsen« genannt, war im »Steigenberger« nicht drin. Da mir sehr viel an möglichst pünktlichen Feierabenden lag, versuchte ich, meine Arbeit so effektiv wie möglich zu organisieren und langwierige Arbeitsgänge zu verkürzen, natürlich ohne dass die Qualität des Essens darunter litt. Ein Beispiel dafür war die Huckleberry-Methode.

Für Suppen oder klare Brühen werden als Einlage gerne Grieß- oder Leberknödelnocken pochiert. Dafür sticht man mit zwei Teelöffelchen »Kinder-Schoko-Bon«-große Nocken ab, die, und das war in der Nouvelle Cuisine sehr wichtig, wie ein Ei dem anderen gleichen sollten. Mir war das allerdings viel zu fummelig und langweilig, vor allem, wenn sie für ein »Extra« von 350 Personen benötigt wurden, was nicht gerade selten vorkam. Also nahm ich ein Ofengitter mit einem Strebenabstand von etwa zwei Zentimetern, legte es auf den Topf mit köchelndem Fond, in dem die Möpschen garen sollten, und füllte die Masse in einen Spritzbeutel ohne Tülle. Dann presste ich lange, gleichmäßige Würste auf das Gitter und ratschte mit einer Palette (Profi-Pfannenwender) oder einem Schlesinger (Teigschaber) die Gitterstäbe entlang – wie Huckleberry Finn es mit einem Stock am Gartenzaun von Tante Polly tat. Die gleichmäßig großen und nunmehr kissenförmigen Nocken plumpsten daraufhin in den Fond und ersparten mir so eine Menge Arbeit.

Als Jörg, gegen Mitte meiner Lehrzeit, im Hause anfing, trug er aus Überzeugung kurz geschorene Haare, eine lila Windel um den Hals und Clogs. Dazu seinen 10-Mark-Flohmarktmantel im Sendeschluss-Design, grau gemustert wie ein Fernsehbild ohne Bild. Nichtsdestotrotz stellten wir sehr schnell fest, dass wir gesinnungsmäßig viel gemein hatten.

Beim alljährlichen »Volksfest« am 1. Mai in Kreuzberg war Jörg auffällig aktiv, wenn es darum ging, rechtzeitig vor den Bullen davonzulaufen. Er hatte, aus Angst um seine Brille, immer eine Ecke Vorsprung, wenn die Staatsgewalt mit Knüppeln drohte, und wartete schon im »Madonna« in der Wiener Straße, wenn wir uns wieder mal aus den Augen verloren hatten. Dafür hielt er nie mit seiner Meinung hinterm Berg und war sofort dabei, als es darum ging, Flagge zu zeigen: Wegen des Golfkriegs hängte Jörg ein weißes Tischtuch aus dem Fenster der Spülküche des »Steigenberger«, um gegen »Blut für Öl« zu protestieren, was ihm nicht gerade Sympathien bei der Hoteldirektion einbrachte.

Nach meiner Ausbildung zum Koch arbeitete ich noch eine Zeit lang als Commis-Tournant, also als Springer, im Lehrbetrieb. In der einstigen Frontstadt war es nach dem Fall der Mauer immer ätzender geworden. Der gemeine Berliner war zusehends genervt und dementsprechend schlecht drauf, was mich schließlich darin bestärkte, mit meiner damaligen Freundin nach Hamburg zu ziehen.

Aggressive Koch Produktionen

Nachdem wir im »Steigenberger« gekündigt hatten, kamen wir etwa gleichzeitig in Hamburg an. Jörg fand eine kleine Wohnung in Altona und eine Anstellung als Pâtissier im amerikanisch geprägten »Marriott Hotel« am Gänsemarkt. Ole wohnte zunächst mit seiner Freundin in Eimsbüttel und kam in einem konservativen Nobelschuppen eines Sternekochs unter, der offensichtlich unter Minderwertigkeitskomplexen litt. Allen Ernstes behauptete er, ein Italiener würde ihm die Pasta nach seinem Rezept herstellen, obwohl die tatsächlich vom renommierten Lebensmittellieferanten »Rungis Express« aus Frankreich geliefert wurden. Auf der langweiligen Karte standen Austern, Hummer und Kaviar sowie Rinderfilet mit gebratenen Kartoffelwürfeln, auf die sich der Küchenchef unverständlicherweise besonders viel einbildete. Kein Koch hielt es jedoch für nötig, hier länger als ein paar Monate zu bleiben. Nach einem Vierteljahr wechselte Ole zum »Nil«, einem jungen Restaurant am Hamburger »Neuen Pferdemarkt«.

Im »Nil« stellten die Köche gemeinsam die täglich wechselnde Karte zusammen, was in anderen Gourmet-Restaurants, wo der Küchenchef Alleinherrscher über die Speisekarte ist, einer Revolution gleichgekommen wäre. Dort arbeitete Ole auf dem Saucier, seinem Lieblingsposten. Hier lernte er auch Candini und Kai-Uwe Moll kennen, der noch heute zum Freundes-

Christof Stein-Schneider von Fury In The Slaughterhouse

und Mitarbeiterkreis der RGF gehört und wohl nie vergessen wird, wie Ole, »jung, wild und hektisch, wie er nun mal ist«, es gleich an seinem ersten Arbeitstag schaffte, innerhalb von ein paar Minuten wirklich alle Töpfe auf den Herd zu stellen, um mal eben die Saucen aufzukochen. »Da war er zwar ein bisschen chaotisch, aber eben auch sehr, sehr schnell.«

Nach der Arbeit im »Marriott« und im »Nil« trafen wir uns auf dem Kiez, im »Gun Club« oder in »Rosies Bar«. Jörg hatte zusehends die Schnauze voll vom »Marriott«. Die »Bunte Kuh«, Störtebekers Piratenschiff, das er mit einem Kollegen tagelang nach Feierabend aus Gelatinezucker modelliert hatte, sollte nun anlässlich des 200-jährigen Bestehens der USA vom »Marriott« als Columbus' »Santa Maria« ausgestellt werden. Nun glitt ihm das Schaustück am nächsten Tag nicht ganz unfreiwillig aus den Händen und zerbarst auf dem Boden. Die Welt war wieder in Ordnung. Oles damalige Beziehung ging in die Brüche. Wohnraum wurde frei

und wir zogen zusammen und schmiedeten Pläne, wie wir der Lohnsklaverei entkommen könnten.
Über Martina Weith, einst Sängerin der Düsseldorfer NDW-Band Östro 430, lernten wir Prollhead! kennen, die zunächst noch Proll! hießen.
Prollhead! waren eine Band ganz nach unserem Geschmack. Ole nannte sich nun Ole Evil, Jörg mit Nachnamen Mosh, und gemeinsam gaben wir das Fanzine »Prollator« heraus, während Martina mit zwei weiteren Mädels den Background-Chor »The Prollettes« bildete.
Ihren ersten Auftritt Heiligabend 1992 haben sie unserer Schnapsidee zu verdanken, im Hamburger »Marquee Club« eine Weihnachtsfeier mit Buffet, Bands und Musikern aus unserem Bekanntenkreis auszurichten. Wir agierten erstmals unter dem Namen »Rote Gourmet Fraktion« und Proll(head)! stellten ihre vier Songs erstmals live vor – mehr Repertoire hatten sie damals noch nicht.
Den Billardtisch schoben wir in die Ecke, den Tannenbaum schmückten wir mit Tampons und Kondomen, serviert wurden Jägermeistermousse und Sauren-Eis, und das Besteck lugte aus Klopapierrollen hervor.
Billy Moffets Playboy Club hatten sich bereit erklärt, umsonst zu spielen, und das nutzten sie über die Maßen aus. Das Publikum war nach einiger Zeit fast genervt von Billy Moffets »Tom-Waits-Stimme«.
Bis Mitternacht war allerdings tote Hose im »Marquee«, und alles deutete darauf hin, dass unsere Weihnachtsfeier in einem finanziellen Desaster enden würde. Wenig später mussten wir die Kasse jedoch wegen Überfüllung schließen und die Nachbarn ließen aus Angst vor Lärm mit Hilfe der Polizei sogar den Bühnenstrom abstellen.
Wir wollten uns ja nun selbstständig machen und eine Kneipe oder etwas Ähnliches eröffnen. Den Gedanken

verwarfen wir allerdings ziemlich schnell. Es sollte schon was mit Kochen zu tun haben.
Lars Ide, heute als Backliner mit den »Beginnern« oder »Guano Apes« auf Tour, gab uns letztlich den Anstoß, einen Tournee-Catering-Service zu gründen.
Wir empfanden diese Idee zunächst nicht als sonderlich erfolgversprechend, da wir keinerlei Vorstellungen darüber hatten, ob so was überhaupt gebraucht wurde.
Aber wir waren jung und wollten nicht mehr unter der Fuchtel von anderen Leuten tanzen. Uns ging es nicht darum, Karriere zu machen und Sterne oder Kochmützen zu ergattern. Wir wollten lediglich etwas Neues, Eigenes machen. Wir waren zu keinen Kompromissen bereit. Zum Glück nicht – wer weiß, was sonst aus uns geworden wäre.
Als wir die RGF ins Leben riefen, ging es uns keineswegs um die »Neukontextierung einer alten Ikone«, sondern allein um den Sound. »Rote Gourmet Fraktion«, das klang einfach besser als »Aggressive Koch Produktionen«, »Banane-Catering« oder »Sunshine Partyservice«. Und mit der Toscana-Fraktion der SPD, die vom »stern« später mal fälschlicherweise als »Rote Gourmet Fraktion« bezeichnet wurde, hatten wir ebenso wenig zu schaffen wie mit der RAF, deren Logo für uns in erster Linie ein Gimmick war.
Wie auch immer: Ohne diesen Namen, der Linke lächeln lässt und selbst gestandenen Konservativen ein Schmunzeln entlockt, hätten wir möglicherweise eine ganz andere Karriere gemacht. Aber das könnte man von den Sex Pistols ja auch behaupten.
Die größte Hürde war natürlich das Startkapital, das wir für die Gründung unseres Catering-Services benötigten. Bei den Banken, bei denen wir vorstellig wurden, stieß unser Ansinnen auf wenig Gegenliebe. Geradlinig wie wir waren, sahen wir nicht ein, warum wir

uns für einen Kredit die Haare schneiden, die Lederhose und das alte Ramones-T-Shirt gegen Popperklamotten eintauschen und uns täglich rasieren sollten. Wir wollten ja nicht zuletzt deshalb unsere eigene Firma gründen, weil wir es satt hatten, uns anzupassen und den konservativen Erwartungen unserer Mitbürger zu entsprechen. Und nun belächelten uns dickliche junge Schlipsmenschen, dass sich unsere Vorstellungen ja ganz witzig anhörten, wir aber leider Gottes bei ihnen an der falschen Adresse seien. Dieser Eindruck beruhte durchaus auf Gegenseitigkeit.

Letztlich fanden wir dann doch noch eine Bank, die uns Geld gab. Wir gründeten am 1. Mai 1993 die RGF mit geliehenen 60 000 Mark. Unsere Eltern bürgten für den Großteil des Kredits, indem sie Hypotheken auf ihre Häuschen aufnahmen. Von diesem Startkapital kauften wir uns einen alten VW-LT und mieteten eine unbeheizte, nicht wetterfeste Garage am Stadtrand als Lager an.

Für den Transport der Küchenutensilien und Lebensmittel ließen wir uns selbst entworfene Cases bauen, von denen heute nur noch ein langes Packcase existiert, das als Getränkekiste dient. Alle anderen gerieten uns entweder etwas zu groß, zu unpraktisch oder zu unförmig, weil wir nicht wussten, dass es Packmaße für zu verladendes Material in Trucks gibt.

Was fehlte, war lediglich ein Job.

Beim ersten Mal tut's immer weh

Unseren ersten offiziellen Auftrag als Catering-Firma bekamen wir für The Cult im Hamburger »Dock's«, einem Live-Club auf der Reeperbahn. Wir waren superaufgeregt und nervös. Aus Angst, etwas falsch zu machen, befolgten wir penibel jeden einzelnen Punkt der umfangreichen Bühnenanweisung. Wir verzichteten auf Eigeninterpretationen und hatten noch keinerlei Erfahrung damit, was überhaupt von 30 Personen über den ganzen Tag gegessen wird. Wir hatten am Ende einen Berg an Ware über.

Verglichen mit unseren heutigen Ceranherdplatten, sahen unsere ersten Herde eher wie Campingkocher aus. Wir kochten damals »Blumenkohlbratling« und »Ratte in Rollsplitt«, Huhn in Mohn paniert, notgedrungen jedoch viel unaufwändiger.

An das Konzert können wir uns, ehrlich gesagt, gar nicht mehr erinnern. Und auch nicht an irgendeinen Zwischenfall beim Kochen. Es war alles ziemlich unspektakulär, kein Ereignis, das sich in unser Gedächtnis einbrannte, außer dass wir um halb vier Uhr morgens immer noch spülten und zusammenräumten. Band und Crew waren schon längst wieder abgereist und der Veranstalter, der den Mut hatte, uns zu buchen, machte Witze über unsere ausgedehnten Arbeitszeiten. Dem Cult-Sänger Ian Astbury muss es aber wohl geschmeckt haben, jedenfalls geht das aus unserem Gästebuch hervor: »Das Abendessen war Wünderbar.«

Na süper – wir waren im Geschäft! Und lernten auch gleich seine raue Seite kennen. Beim »Hamburg Rocks«-Festival Anfang Juni, auf dem unter anderem Faith No More und die Suicidal Tendencies spielten, bewirteten wir das VIP-Zelt, wurden aber vom Getränke-Dealer richtig über den Tisch gezogen. Am Telefon hatten wir dem stark nuschelnden Hektiker keine präzisen Konditionen entlocken können. Dass er uns die Drinks dann zum Verkaufs- statt zum Einkaufspreis berechnen und unsere Blauäugigkeit schamlos ausnutzen würde, konnten wir ja nicht ahnen.

Im September 1993 ging es erstmals auf Tour. Als Versuchskaninchen boten sich die Rubbermaids an, eine Punkband aus St. Pauli, mit der wir eng befreundet waren. Dummerweise spielten die in so kleinen Clubs, dass gar nicht daran zu denken war, backstage eine Tourküche aufzubauen. Allein unser Equipment benötigte mehr Platz als die gesamte Backline der fünfköpfigen Band. Nach ein paar Tagen gaben wir es schließlich auf, warme Mahlzeiten zuzubereiten, und beschränkten uns auf die Frühstücksutensilien, die in einem Casekühlschrank Platz fanden, der hinten in unserem LT verstaut wurde. Den Rest unserer Cases lagerten wir vorübergehend in einem Club in Dortmund, und statt zu kochen kümmerten wir uns nun um das Merchandising.

Unter dem Namen Los Ruberos traten die Rubbermaids als ihre eigene Vorgruppe auf und spielten, geschminkt und verkleidet, Punk-Klassiker in mexikanisch klingenden Akustikversionen. Die Umbaupause überbrückten wir mit Karaoke-Darbietungen. Ole sang Trude Herrs »Ich will keine Schokolade« und Jörg gab »Auf der Reeperbahn nachts um halb eins« von Hans Albers zum Besten. In der Lübecker »Alternative« gelang es uns sogar, die nietenharten Iro-Punks zu animieren, in einer Polonaise durch den Club zu ziehen.

Von fast allen späteren Tourneen unterschied sich diese Rubbermaids-Tour dadurch, dass sie Punkrock total war. Übernachtet wurde nur notfalls in kleinen Hotels, in der Regel pennten wir in Wohngemeinschaften, besetzten Häusern oder Musikerwohnungen wie dem Loch über dem Kölner »Rose Club«, in dem die Rubbermaids gleich zwei Tage lang gastierten und vor jeweils zehn oder zwanzig zahlenden Zuschauern spielten. Neben sehr gemütlichen Unterkünften gab es auch solche, wo wir lieber auf den harten Cases im Auto nächtigten. Dann wachte man morgens mit einem dicken Kopf und einer vollen Blase auf und musste entsetzt feststellen, dass sich der abgelegene Parkplatz, auf dem am Abend zuvor der Wagen abgestellt worden war, in der Zwischenzeit in einen Wochenmarkt verwandelt hatte, auf dem unser Auto sicher zwischen Gemüseständen und Käsehändlern eingeschachtelt war.

Wir waren ins kalte Wasser gesprungen und hatten uns autodidaktisch in das Catering-Geschäft reingefummelt. Wir hatten unser Lehrgeld bitter bezahlt, doch die Resonanz war überwiegend positiv und ermutigte uns weiterzumachen. Wir hatten gelernt, »auf der Straße« zu kochen, doch wenn wir von einem Catering-Job zurückkamen, stapelten sich in unserer Wohnung Cases mit Lebensmitteln und Kisten voll dreckigen Geschirrs, dass kaum ein Durchkommen war. Am liebsten hätten wir dann alles stehen und liegen gelassen und wären in eine andere Wohnung gezogen – was Ole schließlich auch tat. Es konnte also eher besser als schlechter werden. Und das wurde es dann ja auch – die Ärzte verpflichteten uns für ihre Comeback-Tour.

zu amüsieren, [illegible] Polonaise durch den Gastwirt [illegible]
[illegible]

Von [illegible] unterschied sich die-
ses [illegible] Tour [illegible] dass sie [illegible]
war [illegible] wurde nur noch [illegible] keine Ein-
[illegible] in der Regel [illegible] Wohnungen [illegible]
[illegible] Häusern oder Musikerwohnungen wie dem
[illegible] Clubs [illegible] die Nach-
[illegible] gleich [illegible] Tage lang [illegible] und so je-
weils [illegible] zwanzig [illegible] soli-
den [illegible] Unterkunft [illegible] auch
solche, wo wir [illegible] auf den [illegible]
nachfragten. Denn [illegible] einem
[illegible] vollen [illegible] auf und musste [illegible]
[illegible] dass sich dort [illegible] Publi-
[illegible] dem am Abend vor der [illegible] worden
war, in der Zwischenzeit in einer [illegible]
[illegible]
[illegible] und Essen [illegible]
Wir waren uns [illegible] Wasser [illegible] und machten uns
[illegible]
[illegible]
[illegible]
[illegible] uns weiter [illegible]
[illegible]
[illegible]
[illegible]
[illegible]
[illegible]
[illegible] und [illegible]
[illegible]
[illegible] werden. Und das [illegible]
die [illegible] uns [illegible]

III. Becks & Lachs & Rock ’n’ Roll

The Church of Underberg

Bela B. Felsenheimer isst fünf Stunden vor der Show, hinterher trinkt er nur noch Champagner oder Vodka zum Mozzarella-Tomaten-Sandwich. Dafür langen dann Farin Urlaub und Rod Gonzalez kräftig zu. Farin mag am liebsten Fisch, Salzkartoffeln mit Sauerkraut, Trockentomaten, Mango-Mousse, mittelalten Gouda und Schafskäse in allen Formen, Farben und Variationen, isst aber weder Auberginen, Champignons, Zucchini noch Stinkekäse. Bela liebt es dagegen gern scharf, verschmäht aber auch Huhn, Sauerbraten und überbackenen Broccoli nicht. Und Rodrigo Gonzalez bestellt vorzugsweise Gerichte, die die beiden anderen Ärzte gerade nicht mögen: Rinderfilet mit Reis, Thunfisch mit Reis, Spiegeleier mit Reis. Hauptsache Reis. Oder Austern, am liebsten irische, dafür aber kein Geflügel, das hasst er.

Bela hatten wir 1992 in Berlin, im »Sexton« kennen gelernt. Damals konnte er noch ausgehen, ohne gleich von Fans bedrängt und von Autogrammjägern umzingelt zu werden. Ein halbes Jahr später trafen wir ihn bei einem Konzert der Badtown Boys im Hamburger »Marquee« wieder und erzählten ihm von unseren Plänen, eine Catering-Firma zu gründen. Gemeinsam stöberten wir in Plattenläden, besuchten Konzerte und unternahmen Hafenrundfahrten. Als die Ärzte sich dann wiedervereinigten, machte er uns ein Angebot, das wir nicht ablehnen konnten, und stellte uns Rod vor.

Der Einzige, den wir noch nicht persönlich kannten, als wir mit ihnen auf Tour gingen, war Farin, von dem wir nur wussten, dass er Vegetarier sei und Auberginen und Zucchini hasse. Also drapierten wir vor dem ersten Auftritt im Bielefelder »PC 69« eine Aubergine und eine Zucchini in Form eines Totenkreuzes auf der Motorhaube seines Bonzen-Daimlers.
Um ihm zu zeigen, dass wir eigentlich ganz nette Typen sind, formte Jörg am nächsten Tag, Farins Geburtstag, aus Sahnecreme und gelb gefärbtem Marzipan eine vierzig Zentimeter hohe Torte zu einem »Ä«, das mit der »Bestie in Menschengestalt«, einem Teufelchen aus Kuvertüre, verziert wurde. Der Clou war jedoch eine Vorrichtung, die aus einer fünf Zentimeter langen halbierten Zucchini bestand und eine Action-Man-Puppe aus der Torte katapultierte.
Die Ärzte waren unsere erste große Band. Außer dem örtlichen Catering-Job für The Cult und der Testtournee mit den Rubbermaids hatten wir nicht viel vorzuweisen. Entsprechend aufgeregt waren wir. Vor der »Plugged«-Tournee im November 1993 konnten wir zwei Tage nichts essen und zwei Nächte nicht schlafen. Wir wussten nicht, wer was wann essen will, wo wir einkaufen können und wie man eine Küchenhilfe bekommt. Management und Roadcrew begegneten uns anfangs extrem skeptisch, weil wir nicht wie richtige Köche aussahen, und trauten uns vielleicht gerade mal zu, einen Topf Wasser aufzusetzen. Nie wird Jörg wohl vergessen, wie Hammer, der stämmige, grimmige und wie ein Trucker aussehende Trucker der Ärzte, sich am ersten Abend vor ihm aufbaute und unmissverständlich drohte: »Wenn das noch mal passiert, heulst du!« »Tu ich nicht«, gab Jörg damals trotzig zurück. Woher sollte er denn wissen, dass »der dicke Mann« Käsestullen hasst wie die Pest? Oder dass für Lui, den Lichtmi-

xer und -designer, jeden Abend drei Scheiben dunkles Brot mit Gouda und Senf reserviert werden müssen, weil er häufig der Letzte beim Abbau ist und oft erst aus der Halle kommt, wenn die Bus-Brote schon geplündert sind? Es lag also an uns, Roadcrew, Band und die Managerin der Ärzte zu überzeugen, dass es kein Fehler war, uns mit auf Tour zu nehmen.

Es war das erste Mal seit fünf Jahren, dass die Ärzte wieder auf einer Bühne standen, und die Tournee musste wegen der großen Nachfrage immer wieder verlängert werden. Dieser unerwartete Erfolg versetzte die Band in Euphorie und sie infizierten damit die gesamte Crew. In Frankfurt liefen Bela, ihr damaliger Mixer Chris Heckmann und Ole mit runtergelassenen Hosen durch das Hotelfoyer, als wäre das das Normalste der Welt. Und im Münchener »Maritim« spielten wir »Star Trek«, wobei wir uns hinter Zimmerpalmen und den Säulen der Lobby versteckten, während wir uns mit »Spielzeug-Fasern« beschossen. Diese postpubertäre Phase führte sogar so weit, dass wir eine Sauf-Sekte ins Leben riefen.

Um dem grassierenden Jägermeister-Wahn die Stirn zu bieten, gründeten Bela, Rod, Chris Heckmann und wir die »Church of Underberg«. Aus den Etiketten der von uns kartonweise vernichteten Magenbitter bastelten wir spezielle Mitgliedsausweise, was von Fans schon bald nachgeahmt wurde, in der irrigen Hoffnung, so Zugang zum Backstage-Bereich zu erlangen. Bela ließ sogar T-Shirts für alle Sektenmitglieder anfertigen, die sich verpflichten mussten, täglich einen Underberg zu trinken, an Off-days sogar vor dem Frühstück.

Das war nicht weiter schwierig, solange wir auf Tour waren. An einem 16 bis 18 Stunden langen Arbeitstag fällt so ein Underberg nicht ins Gewicht, und an einem

Off-day frühstückt man ohnehin erst nachmittags. In einer sechstägigen Tourpause, nachdem wir anderthalb Monate lang unterwegs waren, lud die Band die Crew zu einem Kurzurlaub auf Mallorca ein. Frühstück gab's nur bis zehn, und wer schon mal morgens lauwarmen Underberg getrunken hat, während Spaniens Sonne bereits hoch am Himmel steht, kann vielleicht verstehen, dass aus der so vitalen »Church of Underberg« nach diesem Trip eine schlafende Religion wurde. Ein Schicksal, das sie übrigens mit der vom Anti-Alkoholiker Farin Urlaub gegründeten »Church of Vollmilch« teilte.
Farin ist nicht nur ein sehr schlauer Musiker, sondern auch extrem schlagfertig – verbal wie körperlich. Diskussionen mit ihm dauern nie allzu lange, weil er stets so geschwind argumentiert, dass er längst wieder in seiner Garderobe verschwunden ist und ein Buch liest, während sein Gesprächspartner noch über eine passende Antwort nachdenkt. Und wenn Ole und er sich im »Wegziehen« maßen und versuchten, sich gegenseitig auf den Handrücken zu schlagen, haute er jedesmal so megaschnell und mit bannig viel Kraft zu, dass Oles Handrücken tagelang chronisch rot gefärbt waren.
Als Farin einmal »Ich ess' Blumen« sang, bewarfen wir ihn mit Bundmöhren, woraufhin er künftig stets zwei Schritte rückwärts machte, sobald er uns im Graben vor der Bühne entdeckte. Für den Stinkefinger, den Ole ihm in Bern zeigte, rächte er sich auf seine Weise: Spontan änderte Farin den Text des Anti-Nazi-Songs »Schrei nach Liebe« und statt »Arsch-loch« schrie er nun: »Plog-stedt!«
Wenn man all die Stunden, Tage und Nächte addiert, in denen wir mit den Ärzten unterwegs waren, kommen wir auf ein gutes Jahr, in dem wir aufeinander gehangen haben wie Mäuse in einem Käfig. Zeit, in der dir

nichts entgeht, in der man sich richtig kennen lernt – und bisweilen schon mal mächtig auf den Keks geht. So frotzelten sich die Ärzte schon bald nicht mehr nur auf der Bühne an, sondern auch in unserem Gästebuch. Kaum hatte Farin sich darin mit dem Satz »Futtern wie bei Muttern – danke Jungs!« verewigt, bescheinigte uns Bela auch schon, dass unser Essen »ganz und gar nicht wie bei Farins Mutter schmeckt, sondern gut!« Rod fragte uns, was das eigentlich für ein Gefühl sei, für ihn kochen zu dürfen, und machte auf seiner Website auf uns aufmerksam: »Jörg und Ole sind mit allen Wassern gewaschen, mit allen Salben gerieben, und kennen die kulinarischen Schwächen der Stars. Sie wissen viele Geheimnisse (z.B., dass Farin U. mit den Füßen isst usw. usf.) und kennen alle psychologischen Tricks, um bulimische Musiker zum Essen zu bewegen.«

Ein Gefühl von Euphorie begleitet eigentlich jede Ärzte-Tournee. In den neunziger Jahren mit ihnen unterwegs zu sein, das hieß aber auch, alles so weit zu übertreiben, bis es für einen der Beteiligten nicht mehr lustig war. Zu Beginn ihrer 94er Tour hatte Rod sich ein programmierbares Lauflicht gekauft. Bela und Farin fanden das so geil, dass sie unbedingt auch eins haben mussten. Für jedes Konzert programmierten sie, zur großen Belustigung des Publikums, ihre Lauflichter mit Gemeinheiten über den jeweils anderen, verschonten aber auch uns nicht. So stand Oles Handy eines Abends nicht mehr still, als »RGF-Sexline: 0172...« im Display offeriert und seine Mobilnummer eingeblendet wurde. Richtig übel wurde es allerdings erst, als Farin die Nummer dann nochmal in einem Interview mit Radio Fritz nannte.

Die unzähligen Anrufe nervten dann doch so sehr, dass Ole jedes Mal, wenn Bela, Farin oder Rod in seiner

Nähe waren, den Hörer wortlos weitergab und schon überlegte, sich eine neue Nummer zu besorgen; zumal ohnehin niemand Telefonsex mit ihm, sondern nur mit den drei Übermütigen wollte. Erst zwei Monate nach Tourende ließ der inszenierte Telefonterror langsam nach, manche Fans riefen fünf Jahre später noch an oder schickten Ole eine SMS.

Wurde anfangs nach einem Konzert einfach weitergefeiert, wobei es schon mal vorkam, dass wir nackt auf dem Tisch irgendeiner Kneipe tanzten, so ist heute kaum noch daran zu denken. Nicht nur die Tourneen wurden größer, sondern auch die an uns gestellten Ansprüche der Band. Um dem gewachsen zu sein, muss man einfach seine Kräfte schonen und sich an einem Off-day ausruhen statt die Sau rauszulassen und um die Häuser zu ziehen. Und das gilt auch für die Band. Wer die Erwartungen seines Publikums nicht enttäuschen will, darf sich kaum noch Eskapaden leisten. Auf die Herbst-Tournee 1995, die in Anlehnung an den Boxkampf zwischen Henry Maske und Graciano »Rocky« Rocchigiano unter dem Motto »Eine Frage der Ehre« stand, hatte sich Bela deshalb intensiv vorbereitet, wochenlang jeglichen Alkohol verschmäht und sich ausschließlich von gesunder, leichter Kost ernährt. Einen Tag vor Tourbeginn fand dann allerdings in Bielefeld eine Party der faulsten Punkband Deutschlands, ZZZ Hacker, statt, mit der die Ärzte schon seit Jahren befreundet waren. Bela trank russischen Vodka ohne Ende, was fatale Folgen hatte. Während des Auftritts der Bronx Boys übte er sich im Stagediving und ließ sich rückwärts von der Bühne ins Publikum fallen. Dummerweise standen vorne kaum Zuschauer. Hätte Ole ihn nicht immer wieder aufgefangen, wäre Bela jedes Mal übel von der Bühne gekracht und die Ärzte hätten sich die bevorstehende Tournee wohl abschminken können. Später kotzte er noch hinter die Boxen, erzählte aber jedem, dass er die Bronx Boys furchtbar gerne gesehen hätte, sich aber wohl leider draußen mit irgendjemandem hatte unterhalten müssen.

Mit dem Nightliner wird man, eingepfercht in Etagenbetten, nachts in die nächste Stadt kutschiert. Man hockt sich permanent auf der Pelle, entwickelt mehr oder minder ritualisierte Verhaltensweisen und unternimmt oft eine Gratwanderung zwischen Spaß und Ernst. Manchmal führt man untereinander jahrelang kleine Kriege, die natürlich nie ganz ernst gemeint sind, aber trotzdem ihre Spuren hinterlassen, oder schafft sich, nur aus Spaß, ständig neue Feindbilder.

Als größter Feind galten die Prinzen, die damals gerade mit ihrem Lied »Küssen verboten« ganz oben in den Charts standen. Pubertär, wie wir waren, fanden wir den Song natürlich »vollschwul«. Die Ärzte sangen ihn sogar live, allerdings mit einem leicht veränderten Text: »Arschfick ist bei mir nicht erlaubt!«

Jeden Donnerstag, wenn die neue »Bravo« erschien, pflasterten wir die Garderoben der Ärzte mit Prinzen-Postern, und um sie zu ärgern, legten wir in der Küche immer mal wieder die CD ihrer »Feinde« auf. Als die Prinzen Sebastian Krumbiegel und Tobias Künzel, beide große Ärzte-Fans, dann an der Kasse des ausverkauften Hamburger »Dock's« Einlass begehrten, bekamen sie ihr Fett volle Breitseite ab.

Ole alberte gerade mit der Ärzte-Managerin XL rum – die einzige Form der Kommunikation, die auf dieser Tour noch möglich war – und bestückte die Obstkörbe, als XL eine Anfrage von der Kasse erhielt, ob es okay sei, die Prinzen reinzulassen. XL hatte kaum »nein« gesagt, da scherzte Ole schon, ob man den armen Ossis nicht wenigstens eine Banane zum Eingang bringen

solle, weil sie ihr Begrüßungsgeld sicherlich schon aufgebraucht hätten. Die Prinzen waren noch dabei, die ungewohnt harsche Abfuhr zu verdauen, als ihnen ein Pappteller mit Bananenscheiben nach vorne gebracht wurde, woraufhin sie, verständlicherweise schwer gekränkt, wieder abzogen. Diese Bananennummer hätte uns fast einen Job gekostet.
Bevor wir mit Lucilectric auf Tour gingen, erkundigte sich ihre Tourleiterin Gabi Kuwarik, die früher die Ärzte gemanagt hatte und ihren derben Humor somit gut kannte, ob diese Frechheit auf unserem Mist gewachsen war. Ole entschuldigte sich für seinen Anteil an dieser infantilen Aktion. Und auch XL hat sich Jahre später für seinen Teil bei den Prinzen entschuldigt.
Andere Bands mögen ja pflegeleichter sein als die Ärzte, die manchmal echte Diven sein können. Dann fällt Farin plötzlich ein, dass das Marzipan in seiner Garderobe nicht den richtigen Zuckergehalt hat. Oder Bela redet den ganzen Tag nicht mit dir, weil er so mit sich selbst zu tun hat, ist ja schließlich kein leichter Job, jeden Tag auf der Bühne zu stehen und permanent lustig sein zu müssen, um dem eigenen Image zu entsprechen. Andererseits sind sie aber leicht für jeden Scheiß zu begeistern und nehmen es einem nicht übel, wenn sie mal selbst durch den Kakao gezogen werden. Im Gegenteil – als wir Farin einmal vor einem Konzert in seiner Garderobe einsperrten, indem wir die Türe mit Gaffa zuklebten, war Bela geradezu beleidigt, dass er nicht auch reingelegt worden war.
Nur Rod ist (fast) immer cool, weshalb wir ihm während eines Auftritts im Kölner E-Werk schon mal die Garderobe komplett neu tapeziert haben: blau mit gelben Herzchen. Für diese Aktion benötigten wir exakt 67 Minuten. Sie hatte aber auch noch ein Nachspiel.

Ohne die neu tapezierte Garderobe, die später in der TV-Serie »Die Wache« zwei Transvestiten als Schminkraum dienen sollte, überhaupt gesehen zu haben, beklagte sich der Hallenfritze im Produktionsbüro über uns: »Morgen ist Status Quo hier, da muss alles tipptopp sein!« Die von uns nicht eingeweihte Tourleitung ließ sich davon jedoch nicht ins Bockshorn jagen und antwortete nur cool: »Die verstehen aber auch alles falsch. Ich hab doch gesagt ›demolieren‹, nicht ›renovieren‹.«

Hilfe, ein Toter!

1996 tourten wir erstmals mit dem Frühstyxradio vier Wochen lang quer durch Deutschland. Gleich am ersten Tag wurden wir von der Comedytruppe gefragt, ob einer von uns täglich zu Showbeginn Zeit hätte. Sie würden unbedingt ein Double für Dietmar Wischmeyer während des Intros benötigen. Nach kurzem Zögern übernahm Ole diese Aufgabe, damit Wischmeyer sich in dieser Zeit in Günther, den Treckerfahrer, verwandeln konnte. Anfangs war Ole tierisch nervös. Später war dann so viel Routine im Spiel, dass er nur kurz aufhören musste, die Rinderrouladen vorzubereiten. Hände gewaschen, Mönchskutte übergezogen und in letzter Sekunde in die Blechtonne auf der Bühne neben Sabine Bulthaup und Oliver Kalkofe gestiegen, in der eigentlich Dietmar hätte stecken sollen. Das Introband wurde abgespielt, in dem von den drei »eingedosten« Spaßvögeln berichtet wurde, die sich auf diese Weise über eine atomare Verseuchung hinwegretten konnten. Danach flogen auf Kommando die Tonnendeckel hoch. Die zwei auferstandenen Akteure und der Spaßvogelgehilfe Ole verließen die Bühne. Günther, der Treckerfahrer, konnte nun den Zuschauern pünktlich seine Güllemaschine vorführen – und die Rouladen konnten zu Ende gerollt werden.
The Inchtabokatables waren eine Band mit sehr seltsamen Eigenschaften, zu denen auch das Touren ohne Off-days gehörte. Aus Angst, die partyerprobten Ber-

liner könnten an ihren freien Tagen das Feiern so auf die Spitze treiben, dass der nächste Auftritt an den Spätfolgen übermäßigen Alkoholkonsums zum Scheitern verurteilt wäre, verzichtete ihr Management darauf, ihnen freie Tage einzuräumen. Tage, an denen sich andere Bands und Crews in der Regel erholen.
Die Band war sich nicht zu fein, beim Bühnenaufbau oder Laden des Trucks mit anzufassen, und Robert, der bei den Inchies sang und Geige spielte, kochte in unserer Küche, wie gesagt, für alle sein »Zonengulasch«.
Vier Wochen lang jeden Tag zu malochen, ist auch bei außerordentlich guter Stimmung ein verdammt harter Job. So war es in unserer Heimatstadt Hamburg an der Zeit, nach dem Konzert in der »Großen Freiheit 36« die Nacht zum Off-Tag zu machen und im »Beatclub« ordentlich abzufeiern. Die Abfahrt des Nightliners wurde deshalb auf vier Uhr morgens verschoben. Gegen sechs mussten wir allerdings den Busfahrer telefonisch bitten, uns auf der anderen Straßenseite der Reeperbahn abzuholen, da es in unserem Zustand einfach viel zu gefährlich gewesen wäre, die Straße zu überqueren. Ein paar Stunden später, im nahen Hannover, klappte dann so gut wie gar nichts mehr. Der Aufbau zog sich zäh dahin und die Band musste später auf Zugaben verzichten, weil Robert Beckmanns Stimme vom nächtlichen Gelage zu sehr angegriffen war. Sogar der Wackelpudding, ein extrem einfaches Dessert, misslang uns und wurde einfach nicht fest. Dafür hatte wiederum die selbst gemachte und außerordentlich leckere Vanillesauce eine eher puddingartige Konsistenz.
Nicht jede Tour war so anstrengend und chaotisch, und es herrschte auch nicht immer so ein rauer Humor, wie wir ihn von den Ärzten kannten. Und nicht immer ist eine Tournee von Beginn an ausverkauft. Als wir mit Lucilectric tourten, spielten sie in halb vollen Hallen,

obwohl sie mit »Mädchen« gerade einen großen Hit gelandet hatten. Doch war diese Tour etwas Besonderes. Vor der Bühne standen ein paar 10-Jährige und im hinteren Bereich der Clubs genauso viele Eltern. Diese Konzerte endeten zu einer Zeit, in der andere beginnen, so waren wir, trotz Abbau und Truckladen, immer schon vor Tageswechsel im Hotel. Luci van Org, Ralf Goldkind und die restlichen Bandmitglieder waren sehr angenehme Zeitgenossen. Wir spielten mit gusseisernen Bratpfannen und einem Tischtennisball »Frying Pan Ball« in den Hallen, kochten zwischendurch Yogitee und lieferten uns auf der Carrera-Bahn, die wir täglich im Backstage aufbauten, heiße Wettrennen. Als Oles Tochter im entfernten Hamburg geboren wurde und Ole, gespickt mit Vatergefühlen, völlig verwirrt umherlief, zog ihn Luci van Org unvermittelt mit auf die Bühne und sang den »Ernie & Bert«-Hit: »Hätt' ich dich heut' erwartet, hätt' ich Kuchen da«.
Trotz aller Professionalität, die nun den Alltag auf Tour prägte, wurde es uns aber nie langweilig. Wir hatten immer noch jede Menge Spaß. Vor allem dann, wenn jemand auf Tour Geburtstag hatte. So erhielt die Ärzte-Managerin in Wien eine Riesentorte, der die obligatorische Stripperin entsprang, die sich zu komischer Musik ihrer Klamotten entledigte.
Wenig später hatte Maxx, der Backliner der Terrorgruppe, Geburtstag. Eine Stripperin, die einer Torte entsteigt, wie sie XL geschenkt bekommen hatte, konnten sie sich nicht leisten, doch die Punkversion davon tat es auch. Gitarrist Johnny Bottrop borgte sich von uns Nutella und veredelte damit seine Unterhose. Dann stieg er in eine große, leere Mülltonne, die wir mit einer Schleife aus Klopapier verzierten. Als das Geburtstagskind schließlich da war, erklang der Soundtrack vom »Schulmädchenreport«. Der Deckel wurde beisei-

te geschoben und der Mülltonne entstieg ein schmuddeliger Punk, der einen gekonnten Striptease hinlegte und zur Feier des Tages dem Geburtstagskind seine braune Unterhose über den Kopf zog.
Vor solchen Späßen ist niemand auf Tour gefeit. Selbst Ole nicht. Dem hätte Hammer, der Käsetrucker, fast mal das Nasenbein gebrochen, als er ihn an seinem Geburtstag plötzlich in den Schwitzkasten nahm, aus der Hotel-Lobby schleifte und ihm draußen eine bereitgestellte Sahnetorte mit 120 km/h ins Gesicht drückte – dummerweise samt Tortenblech.
Das einzig Schöne an einer Sahnetorte, die man am Ende eines langen Konzerts ins Gesicht kriegt, ist ja eigentlich, dass sie einem das klebrige Ungemach, das einem widerfährt, etwas versüßt. Wir allerdings verzierten die Rod zugedachte Torte mit einem roten RGF-Stern aus Ketchup, ohne zu bedenken, dass Ketchup ja höllisch brennt, wenn man es in die Augen bekommt. Rod war heilfroh, als der Auftritt endlich vorbei war. Kaum runter von der Bühne, landeten wir jedoch schon den nächsten Treffer. Und nachdem er sich geduscht und umgezogen hatte, ging die Tortenschlacht munter weiter. »Immer mitten in die Fresse rein«, wie es in ihrem »Schunder-Song« heißt.
Erik Schunder, dem die Ärzte mit diesem Song Respekt zollten, war ein ziemlich hitzköpfiger und knallharter Antifa-Kämpfer. Er sitzt heute in der Chefetage der Merchandising-Firma »Deutschrock Outfit«, die T-Shirts und Baseball-Kappen der Ärzte und von anderen Bands vertreibt. Wenn es darum ging, Nazis auf die Fresse zu hauen, und das war auf der 95er Tour öfter notwendig, war Schunder immer an vorderster Front.
Zu seinem Geburtstag hatte er sich »Sauren« gewünscht, den wir in einem Magdeburger Hotel eigens für ihn mixten. Keine Ahnung, wer uns dabei assistiert

hat, aber irgendwie haben wir wohl die Anteile von Vodka und Bitter Lemon miteinander verwechselt. Bereits nach einer halben Stunde waren alle dicht bis unter die Schädeldecke, doch dann fiel Bela und Rod siedendheiß ein, dass sie Erik noch nichts geschenkt hatten. Sie ließen sich nicht lumpen und schenkten ihm sein Hotelzimmer.

Schunder fragte sich noch, wie das zu verstehen sei, als Bela bereits die Glasscheibe der Minibar zertrat, sich dabei verletzte und Bettdecke und Laken voll blutete. Um zu verhindern, dass jemand die Zimmerparty störte, wurde kurzerhand der Türknauf abgetreten, und nachdem sich der Nachtportier mehrmals telefonisch erkundigt hatte, ob alles in Ordnung sei, mussten auch das Telefon und der Fernseher dran glauben. Als das Zimmermädchen am nächsten Morgen die Scherben und den selig schlafenden, in die blutverschmierte Bettdecke gewickelten Schunder sah, rannte sie schreiend davon: »Hilfe, hier liegt ein Toter!«

Von dem markerschütternden Geschrei wach geworden, wusch Schunder sich im Bad und ging frühstücken, ohne auch nur einen Gedanken ans Aufräumen zu verschwenden, das hätte eh nichts gebracht. Er hatte kaum das Zimmer verlassen, als der sofort alarmierte Hoteldirektor, der uns beim Einchecken gebeten hatte, »nicht so laut wie Pur« zu sein, am Ort des Geschehens eintraf. Das Zimmer war ein einziger Trümmerhaufen, aber wo, um Himmels willen, war die Leiche?

Es wurde ein ziemlich teures Geburtstagsgeschenk. Fast 10 000 Mark kostete die Ärzte der Spaß, ein Hotelzimmer zu zertrümmern. Und Bela kommentierte die Aktion später selbstkritisch mit dem Satz: »Rockstars sind doch echt bescheuert.«

Feuer, Fäuste, Fliederbeeren

Als wir zum ersten Mal mit Rammstein auf Tour gingen, mussten sie sich noch gegen den Ruf verwahren, Nazis zu sein. In einem Interview mit der Musikzeitschrift »Zillo« wehrten sie sich jedoch dagegen und fragten den Reporter, ob eine Cateringfirma wie die Rote Gourmet Fraktion wohl für sie kochen oder eine Band wie die Ramones sie mit auf Tour nehmen würde, wenn dieser Vorwurf stimme?!

Als ehemaliger Vizeeuropameister der Junioren im Kraulen ging Till Lindemann jeden Morgen schwimmen, und mit ihm die gesamte Band. Anschließend frühstückten sie ausgiebig und herzhaft. Erledigt vom Schwimmtraining, verdrückten sie jeden Tag Rühreier und Thüringer Mett, weshalb wir uns für die nächste Tour T-Shirts mit der Aufschrift »Hackfleisch« im Rammstein-Schrifttyp drucken ließen.

Wenn wir ihre Garderobe betraten, um ihnen Rote-Beete- und Karottensäfte zu bringen, begrüßten sie uns jedes Mal mit dem Gesang: »RGF! RGF ... la, la, la ... Super-RGF ...«. Als ein Großteil der Crew vergrippt war, sammelten die sportlichen Musiker Fliederbeeren im Wald und brachten gleich noch einen Korb Pilze mit. Aus den Beeren kochten sie dann nach einem Rezept einer ihrer Omas einen leckeren Fliederbeersaft ein, den sie der kränkelnden Crew verabreichten. Die Pilze wurden von Bassist Oliver Riedel und Keyboarder Flake Lorenz persönlich gebraten, weil wir für im

Wald gefundenes Essen keine Verantwortung übernehmen wollten.
In vollem Gegensatz zu ihrem schauerlichen Image erwiesen sich Rammstein also keineswegs als böse Rocker, die einen das Gruseln lehren, sondern als sehr höfliche Menschen, die sich artig für die geleisteten Dienste bedankten: »Thanks for all blow jobs!«
So freuten wir uns ganz besonders, als wir sie auf dem »Hurricane«-Festival in Scheessel wiedersahen, wo sie den MTV-Manager Bernd Rathjen im V. I. P.-Bereich an einen Stuhl fesselten und eine stark qualmende, aber harmlose Flugmarkierungsbombe aus ihrem reichhaltigen Live-Arsenal ans Bein banden. Auf diese Weise rächten sie sich an Rathjen, der dafür verantwortlich war, dass MTV ihr Video zum Song »Engel« nicht sendete. Das passte wohl nicht zum schicken »On-Air-Look« dieser Clip-Schule.
Kurz darauf spielten sie auf dem Zillo-Festival in Hildesheim, dem Jahrestreffen der Grufti-Szene. Da Rammstein stets einen engen Bezug zum Feuer hatten, dekorierte Jörg ihre Garderobe mit 100 Grabkerzen. Dann wandten wir uns wieder den anderen Bands zu, die auch versorgt werden wollten.
Tom, der Bandbetreuer, lief wie gewohnt hektisch durch die Gegend und faselte was von Rauchwolken, Feuer und Qualm, was uns nicht weiter kümmerte, ist doch Rammsteins Show ein einziges pyromanisches Spektakel. Wir ignorierten also Toms Gelaber, bis wir endlich checkten, dass Jörg ihre Garderobe in Brand gesetzt hatte. Auf Grund der enormen Hitze, die die 100 zu dicht beieinander stehenden Grabkerzen produzierten, waren die Plastikumhüllungen geschmolzen und hatten sich entzündet. Die Ozonschicht war nachhaltig in Mitleidenschaft gezogen worden, der Tisch versaut, der Fußboden farblich neu gestaltet und Ri-

chard Kruspes Gitarrenkoffer in kleineren Nuancen gesprenkelt. Irgendwie war alles noch mal glimpflich ausgegangen, sicherheitshalber hinterließ Jörg eine Nachricht für Folkert Koopmanns, den Veranstalter des Grufti-Festivals. In krakeliger Kinderschrift schrieb er ihm: »Lieber Folkert! Der liebe Jörg vonne RGF wars nich – die bösen Rammsteins sind's gewesen!«

Zum Start der nächsten Rammstein-Tour im Sommer 2001 in Nürnberg eröffneten wir die Essensausgabe mit ein paar Ladykrachern, die wir noch von Silvester übrig hatten und im Cateringraum zündeten. Kreidebleich erschien daraufhin der Tourleiter und stauchte uns mächtig zusammen. Als bekennender Pyromane mit Zertifikat war Nicolai eigentlich für solche Scherze zu haben, allerdings hatten wir nicht gewusst, dass die Pyro-Show von Rammstein erst kurz zuvor mit Hängen und Würgen von den zuständigen bayrischen Behörden genehmigt worden war und die Beamten noch in der Halle herumschwirrten. In den nächsten Tagen realisierten wir dann, wie groß der pyrotechnische Aufwand war, der hier gefahren wurde. Wir konnten jetzt fast verstehen, warum Nicolai so angespannt reagiert hatte.

Als besonders schräg erwiesen sich die Brandschutzbeauftragten in Hessen. Dort legt man allem Anschein nach weniger Wert auf eine Überprüfung der raffinierten Feuer-Show als auf die Brandprävention im Bereich hinter der Bühne. Äußerst penibel wurde kontrolliert, ob der Buffet-Tisch, auf dem die Kaffeemaschine stand, wie vorgeschrieben aus Edelstahl war, und die Chavies, die mit Brennpaste geheizt werden, nicht auf Holztischen ruhten.

Nach Feierabend hatte die Band in einem anderen Raum eine Party für die Crew geschmissen, die aller-

dings gar nicht vorbereitet und somit ziemlich langweilig war. Also versammelte man sich auf dem Parkplatz, wo die Trucks und Busse parkten, trank Bier und laberte Müll. Und wie es manchmal so ist, stach uns plötzlich der Hafer und wir verspürten den unbändigen Drang, »Scheiße« zu bauen, vielleicht um das »feuer-panische« Hessen zu provozieren?!
Zunächst zündeten wir Papier, Zigarettenschachteln und Bierdeckel an, dann kamen wir jedoch auf den Geschmack und durchstöberten die Mülltonnen nach brennbarem Material. Sogar zwei Holzkisten fanden wir, und das Feuer flammte immer höher auf, bis Nicolai erneut ankam, uns ankeifte, ein Feuerwehreinsatz würde 5000 Mark kosten, um dann wieder grimmig in seinen Bus zu verschwinden. 5000 Mark war uns der Spaß nun auch nicht wert, und wir ließen das Feuerchen ausgehen.
Zum festen Bestandteil einer jeden Show gehörte es damals, dass Till Lindemann gen Ende in Flammen aufging, während er »Rammstein, ein Mensch brennt« sang. Dabei lief ihm schon mal Brennpaste in den Ärmel seines Eisenmantels, doch Till war hart im Nehmen und ließ sich seine Schmerzen nie anmerken. Auf der Herbst-Tour 1997 mit KMFDM kamen sie voll auf den Geschmack und setzten noch einen obendrauf, als sie auf dem brennenden Till Würstchen grillten, die sie dann samt Brötchen ans Publikum verteilten.
Beim Publikum kam diese Nummer, die zeigte, dass sie sich nicht allzu ernst nahmen, prima an. Erst als ein Freund der Band sie an die Flugschaukatastrophe von Ramstein erinnerte, bei der 67 Besucher verbrannt waren, fiel es ihnen wie Schuppen von den Augen, auf welch heikles Terrain sie sich damit begeben hatten, und brachten die Nummer wieder in ihrer ursprünglichen Version ohne Bratwürste.

Wieder einmal zeigte sich unser feuertechnischer Unverstand, als wir am letzten Tag das Tablett, auf dem wir ihnen nach der Show die Drinks servierten, mit Feuerzeug-Benzin präparierten und in Brand setzten. Blöderweise bog sich das Blech in der Hitze so durch, dass sämtliche Gläser runterfielen, bevor wir es absetzen konnten.
Rammstein ist eine sehr angenehme und humorvolle Band. Sobald sie die Bühne betreten, verfinstert sich jedoch ihr Gesichtsausdruck und sie gucken düster in die Menge. Mit dem Umschalten von Gut auf Böse und von Böse auf Gut hatten sie aber keine Probleme. Allein Till musste nach jedem Konzert das angestaute Adrenalin loswerden.
Das wurde Jörg schon auf der ersten Rammstein-Tour bewusst, als er sah, wie der Sänger sich nach der aufwändigen Show abreagierte. Till ballte seine Faust und knallte sie voll gegen den Zigarettenautomaten, der hinterher eine ziemliche Delle aufwies. Dann erst bemerkte er Jörg, der alles staunend mit angesehen hatte. Irgendwie schämte Till sich wohl, dass jemand Zeuge seines Aggressionsabbaus geworden war. Zu Jörg gewandt zuckte er jedenfalls entschuldigend mit den Schultern und meinte nur: »Oops!«
Bei einer anderen Gelegenheit kam Till von der Bühne und fragte den Tourleiter Nicolai, ob alles gut gelaufen sei. Als Nicolai ihm das bestätigte, ballte er erneut die Faust und rammte eine Tür aus den Angeln. Dann drehte er sich wieder zu Nicolai um und bemerkte in Roberto-Blanco-Manier: »Ein bisschen Spaß muss sein.«
Den hatte er dann auf dem Zillo-Festival, wo wir einen Garderobenständer mit einer Mauerwerkstapete bespannten und »Tills Wutwand« drauf sprühten, die er nach Lust und Laune durchschlagen durfte.

Dass es auch anders geht, kann jeder bestätigen, der Rammstein 1997 live auf der »Popkomm.« erlebt hat. Da spielten sie in einem kleinen Laden und verzichteten in ihrer Show auf Feuer und alle Schikanen, kommunizierten dafür mit ihren Fans, wie das sonst nur die Ärzte tun.

Vorsicht, schwieriger Künstler!

Nicht alle waren so pflegeleicht wie Slash oder Marla Glen. Von Tourleitern, Veranstaltern und Managern wurden wir immer mal wieder gewarnt, dass dieser oder jener Musiker »sehr schwierig« sei und sich jederzeit in eine Furie verwandeln könne, weshalb man ihn am besten wie eine Mimose behandeln sollte.

Als »schwierig« gelten Musiker, die auf ihrem rechtzeitig vor Tourneebeginn bestellten vegetarischen Gericht bestehen und partout nicht einsehen wollen, dass Fleisch doch auch gut schmeckt. »Schwierig« sind Künstlerinnen, die sich keine Toilette mit der zumeist männlichen Roadcrew teilen wollen, weil die sich ja doch nie hinsetzen zum Pinkeln. Und als »schwierig« gilt auch, wer eine eigene Meinung hat und nicht alles mit sich machen lässt, was andere sich ausdenken, um ihn zu melken.

Tricky war so ein Künstler, der als »sehr schwierig« galt, doch wir haben ihn als absolut netten Kiffer erlebt, der keiner Fliege was zu Leide tut. Er saß stundenlang in der Küche und spielte Schach mit seinem Manager.

Alles war gut. Tricky saß in der Ecke, rauchte und starrte auf das Schachbrett. Gleichzeitig kochten wir, und aus dem Tape-Recorder dröhnten die Ramones: »We're a happy family, we're a happy family, we're a happy family, me, mom and daddy …«

So ging das ein paar Tage. Dann schlenderte sein Manager auf uns zu, warf einen Blick in die Töpfe und bat uns höflich: »Macht doch mal was Indisches oder Mexikanisches!« Das möge Tricky viel lieber als »German food«. Dann stolzierte er wieder zurück zu den anderen Schachfiguren.

Eine kurze Zeit verging, bis sich Tricky von seinem Schachspiel erhob, zu uns rüberkam und ganz cool meinte: »Lasst euch von dem nichts erzählen. Kocht, was ihr wollt, das ist sehr gut so.« Um dann wieder Platz zu nehmen, Schach zu spielen und noch 'ne Tüte zu rauchen.

Wenn Tricky schon »schwierig« war, als was sollte man dann erst Phillip Boa bezeichnen? Über den Dortmunder Post-New-Wave-Sänger kursierten zahlreiche Gerüchte, die wir natürlich alle zu hören bekamen, als wir mit ihm 1997 erstmals auf Tournee gingen. So soll er Crew-Mitglieder vor versammeltem Publikum entlassen haben, weil der Mikrofonständer auf der Bühne 20 cm zu weit links aufgebaut war. Nach dem Konzert wurden sie dann wohl wieder eingestellt. Und 1990 soll er seinen Gitarristen rausgeschmissen haben, weil der mit dem Schlageraffen Nino de Angelo auf Tour ging.

Eine Begebenheit erzählte er uns selbst. Am Buffet stehend, deutete er uns an, wie er in einem Anfall von Jähzorn einmal sämtliche Tabletts vom Tisch gefegt habe, weil das Catering so schlecht gewesen sei. Wir reagierten mit einem etwas verlegenen Lachen, woraufhin er uns entgegnete: »Das ist überhaupt nicht witzig. So geht man nicht mit Essen um!«

In vorauseilendem Gehorsam riet man uns, eine bestimmte Biersorte nicht mehr auszuschenken, weil Phillip dann ausraste. Wie in den meisten Fällen war es einfacher, direkt mit ihm zu reden. »Dass dieses Bier nicht schmeckt, ist eine Tatsache, das musst du uns

nicht erzählen«, gaben wir ihm zu verstehen. »Wir trinken auch lieber Richtiges.« Die Supportband und die Crew aber würden das »böse« Bier sehr gerne trinken. Das konnte Phillip dann auch gut akzeptieren.
Ein anderes Mal hatte ein Team des NDR angefragt, ob es einen Beitrag über uns drehen dürfte. Also fragten wir Phillip, ob er etwas dagegen hätte. Die Antwort war typisch Boa: »Kann ich jetzt noch nicht sagen. So, wie ich das jetzt sehe – kein Problem. Was ist aber, wenn ich dann schlechte Laune habe?« Wir wussten nicht so recht, was er uns nun damit sagen wollte, bis er schließlich meinte: »Ich würd's riskieren.«
Die Aufnahmen waren eine einzige Katastrophe. Nicht, weil Boa sich beim Soundcheck nicht filmen lassen wollte, sondern weil die Beamten vom NDR im Schichtdienst arbeiteten, um keinen Ärger mit ihrer Gewerkschaft zu kriegen. Und für einen schließlich nichts

Smudo (l.) und Thomas D von den Fantastischen Vier

sagenden Beitrag einen Aufwand veranstalteten, als würden sie einen Hollywood-Streifen drehen.

Dass Phillip Boa besser war als sein Ruf, merkten wir, als plötzlich ein Crew-Mitglied begann, Ärzte-Aufkleber von unseren Cases zu entfernen, weil Boa die Ärzte hasst, obwohl er mit Don Nadolny denselben Mixer hatte. Wir verbaten uns das natürlich, und als Boa die Sticker später entdeckte, murmelte er nur selbstironisch: »Wohl alles Ärzte-verseucht hier.«

Nur ein einziges Mal auf Tour mit Boa durften wir einen kleinen seiner sagenumwobenen Wutanfälle erleben. Als er im Wilhelmshavener »Pumpwerk« mit der Garderobensituation unzufrieden war, schnappte er sich unmittelbar vor dem Auftritt eine Flasche »Gavi di Gavi« und warf sie wütend gegen die Wand des Cateringraumes, wo sie zerschellte und auf »Gertrud« fiel. Ihr brach dabei eine Ecke heraus.

Nachdem er zwei Songs gesungen hatte, ging er während eines Instrumentalteils wie jeden Tag kurz von der Bühne und sah, was er angerichtet hatte. »War ich das?!? Schade, war ein guter Wein«, kommentierte er trocken.

Für uns war die Sache damit gegessen, Phillip wurde jedoch nach dem Konzert von seiner Band, dem Voodooclub, bearbeitet: »Das kannst du doch mit den Caterern nicht machen!« Fast die gesamte Band entschuldigte sich dafür, und später tauchte er sogar selbst auf: »Hab gehört, ihr habt ein Problem! Noch nie einen Künstler ausrasten sehen?!?«, fragte er, um sein Verhalten dann mit dem Tourstress zu erklären.

Natürlich hatten wir das schon mal gesehen. Zum Beispiel, als Courtney Love von Hole in der Kölner Live Music Hall mit der Schauspielerin Drew Barrymore einen »Schlampenkrieg« ausfocht und eine Flasche, diesmal Kirschsaft, quer durch den Raum schleuderte.

Warum, wissen wir nicht genau. Irgendwie ging es um ihren Gitarristen, Eric, der zu dieser Zeit mit Drew zusammen war, und die konnte sie nun mal nicht leiden. Was soll man dazu sagen? Courtney Love war gerade auf Entzug. Da flippt man schon mal aus. So was soll ja in den besten Bands vorkommen.

Am Herd des Geschehens

Tourneen mit Fury In The Slaughterhouse gleichen ein wenig einem Familientreffen. Man kennt sich, schätzt sich und albert rum, und nach dem Konzert wird schon mal gemeinsam der eine oder andere Aquavit verklappt. So waren wir bester Laune, als wir am 26. April 2002 mit ihnen in Erfurt gastierten, einer Stadt, die wir von ein paar netten Off-days her in schöner Erinnerung hatten. Zumal auch noch unsere Freunde von Anger 77, die zwei Jahre zuvor im Vorprogramm von Fury gespielt hatten, am Abend vorbeischauen wollten.

Ole war dabei, eine Kalbsleber abzuziehen, und sah dementsprechend verschmiert aus, als wäre er gerade einem Horrorfilm entsprungen, und wir unterhielten uns ganz entspannt mit den beiden netten Cateringhilfen, als in den Nachrichten plötzlich gemeldet wurde, dass ein bewaffneter Schüler im Erfurter Gutenberg-Gymnasium ein paar Geiseln genommen habe. Natürlich machte sich gleich jeder große Sorgen, und die Stimmung sank auf den Nullpunkt. Während man im Radio anfangs noch mit Informationen versorgt wurde, gab es irgendwann nur noch »normale« Nachrichten, gespickt mit Bekanntgaben über die Gewinner eines Seifenkistenrennens und ähnlich Unwichtigem. Wir alle vermuteten nun, begründet durch die Nachrichtensperre, das Schlimmste. Der örtliche Veranstalter war in heller Aufregung, weil seine Mutter in der Schule als Köchin arbeitete, Stagehands bangten um

das Leben ihrer Geschwister, die dort zur Schule gingen, und manch einer kannte das Gymnasium oder einen der Lehrer noch aus seiner eigenen Schulzeit.
Aus Pietät verstauten wir schnell wieder die Arm- und Beinstümpfe, mit denen wir ja stets unsere Küche und den Cateringraum dekorieren.
Die Band sagte das Konzert in der Thüringenhalle kurzerhand ab. Patty Unwin, die Tourleiterin, entschied jedoch, das bereits vorbereitete Essen nicht umkommen zu lassen und erst nach der Mahlzeit abzureisen.
Aus dem Radio erfuhren wir scheibchenweise, was im Gutenberg-Gymnasium nebenan passiert war, während wir unser »Speckpüree mit Birnenbohnen« anrichteten. Wir hörten die Hubschrauber über der Stadt kreisen und erfuhren dann, dass es Tote gegeben hat. So eine beklemmende Atmosphäre wie an diesem Tag hatten wir noch nicht erlebt.
Jeder von uns versuchte auf seine Weise, damit umzugehen. Manch einer ging aus, um auf andere Gedanken zu kommen – die einzige Erfurter Disco, die geöffnet hatte, war an diesem Abend proppenvoll. Andere guckten sich irgendeinen blöden Ballerfilm an, um alles nicht so an sich ranzulassen. Jörg saß fassungslos im Nightliner und hörte laute Musik. Ole legte sich ins Bett und rang mit den Tränen.

IV. All cooks are bastards

Einfach kochen?

Es sind ständig dieselben Fragen, die uns auf Tour gestellt werden, und wir geben immer dieselben Antworten: Macht ihr das eigentlich hauptberuflich? – Nein, wir haben in einem Preisausschreiben drei Wochen »Backstage mit den Fantastischen Vier« gewonnen. Habt ihr richtig Koch gelernt? – Nee, Fliesenleger.
Noch schöner ist allerdings die Frage, ob wir noch einen Koch brauchen, verbunden mit dem Hinweis, dass der Möchtegernmitarbeiter tätowiert, gepierct und ein großer Fan der Toten Hosen sei – als wären das Eigenschaften, die ihn für unseren Beruf prädestinierten.
Gut, wir legen keinen allzu großen Wert darauf, ob unsere Mitarbeiter im klassischen Outfit – Kochjacke und -hose, Halstuch und Mütze – zum Dienst erscheinen. Wir selbst kochen in T-Shirts und Jeans, tragen Baseball-Kappen oder Wollmützen, und wir überlassen es unseren Mitarbeitern, ob sie sich ebenso leger kleiden oder lieber auf Halbgott in Weiß machen. Das heißt aber noch lange nicht, dass uns der berufliche Werdegang eines Kandidaten, der mit uns auf Tour gehen will, einerlei ist. Im Gegenteil: Es ist uns wurst-egal, ob er sich »All cooks are bastards« auf die Stirn tätowiert hat oder einen Cockring trägt – Hauptsache, er kann kochen und ist gut drauf.
Bei der Auswahl unserer Köche und Aushilfen sind wir ebenso wählerisch wie die Hosen oder die Ärzte auf der

Suche nach geeigneten Vorgruppen und Personal. Wer mit uns arbeiten will, muss Stress aushalten, der auf Tour durchaus größer sein kann als in manchem Restaurant, in dem die Bestellungen nur so in die Küche flattern und ein paar hundert Essen pro Abend geschickt werden, und das täglich 16 bis 18 Stunden lang. Er darf nicht gleich nervös werden, wenn irgendwas mal nicht klappt, und womöglich noch anfangen, gereizt nach allen Seiten zu boxen, wenn er mal schlecht in der Zeit ist. Er muss auch damit klarkommen, dass wir ebenfalls unsere »kleinen« Macken haben und ganz schön launisch sein können – zum Beispiel wenn eine selbst mitgebrachte CD durch Jörgs Prüfung gefallen ist und trotzdem aufgelegt wird.

Ole schmeißt zwar nicht, wie es der dicke Wittmann in der »Berliner Stube« des »Steigenberger« immer tat, Pfannen quer durch den Raum in die Spüle, wenn ihm irgendwas über die Leber gelaufen ist, aber ein, zwei Stunden lang kann schon mal eine eisige Stimmung in der Küche herrschen, wenn es Probleme oder Meinungsverschiedenheiten gibt. Und wenn jemand zu spät zur Arbeit erscheint, weil er am Abend zuvor zu lange gefeiert hat, können wir ganz schön zickig werden. Denn wenn es sogar ein Morgenmuffel wie Ole schafft, sich in aller Herrgottsfrühe aus den Federn zu quälen, kann er das wohl auch von unseren Mitarbeitern erwarten.

Im Gegenzug darf uns jeder unverblümt sagen, was wir ihn mal können. Das ist uns wesentlich lieber, als wenn einer den ganzen Tag beleidigt schmollt und den Mund nicht aufkriegt. Und obwohl wir die Chefs sind, pfeifen wir auf den Standesdünkel, wie er in der gesamten Gastronomie gang und gäbe ist. Nach getaner Arbeit setzen wir uns nicht hin und trinken ein Bier, während unsere Lakaien die Küche putzen und aufräumen, sondern wir packen mit an (und trinken Bier), anders wäre das gar nicht zu schaffen.

Wir zwingen unsere Leute, mit am Tisch zu sitzen und sich Gedanken darüber zu machen, wie wir die Arbeit am sinnvollsten verteilen, wer was wozu beitragen möchte oder was dringend besorgt werden muss. Wir erwarten, dass jeder sich einbringt und seine Ideen beisteuert. Dafür hat er dann die Möglichkeit, so zu kochen, wie er es gerne möchte.

Manchmal ist das für unseren Geschmack auf Dauer zu süß und karottenlastig, wie bei Fabian. Dann stellen wir ihm kommentarlos eine Flasche Karottensaft und ein Paket Zucker hin.

Fabian Ehrich ist sowieso ein etwas seltsamer Zeitgenosse. Er raucht nicht, trinkt nicht, fährt nicht Auto und hört, wenn er nicht gerade mit uns auf Tour ist, Hip-Hop und Reggae.

Gelernt hat er in der »Residenz« in Aschau, bei Deutschlands damals jüngstem Drei-Sterne-Koch Heinz Winkler. Später arbeitete er im Berliner »Portalis« und im Münchener »Tantris«, wo ihm die Sommeliere Paula Bosch hochnäsig prophezeite, dass aus ihm nie ein guter Koch würde, weil er keinen Alkohol trinke – weit gefehlt!

Noch als Sous-Chef im Hamburger »Latini« hatte Fabian von der RGF gehört. Und weil er keine Lust mehr auf Mainstream-Gastronomie hatte, ging er dort weg, um freiberuflich zu kochen.

Seine »Feuertaufe« hatte Fabian auf Sylt, wo wir für die Toten Hosen kochten. Zuvor hatte er nur Ole getroffen, Jörg kannte er noch gar nicht, als er auf Sylt eintraf. Dementsprechend groß war der Schock, als ihm Jörg vorgestellt wurde, der ein »Saufen gegen Rechts«-T-Shirt, einen weißen Bademantel und DFB-Adiletten trug. Na super, dachte sich Fabian da, das

passt ja gut: »Ich hasse Alkohol und ich hasse Fußball«. Er befürchtete, es nur mit ein paar Punkrock-Spinnern zu tun zu haben, denen es gar nicht in erster Linie ums Kochen geht.
Fabian erledigte die ihm aufgetragenen Arbeiten zu unserer vollsten Zufriedenheit. Zuerst dachten wir, ihm würde all das keinen Spaß machen, doch er war einfach nur etwas zurückhaltender und nicht ganz so hibbelig wie wir. Wir ergänzten uns aber recht gut bei der Menüplanung und fragten ihn, ob er nicht Bock hätte, zum Grillfest der Toten Hosen auf der Loreley mitzukommen. Uns gefiel seine Art zu kochen, dass er mit dem Herzen dabei ist und nicht auf die Uhr schaut, bis er mit seiner Arbeit zufrieden ist. Am letzten Tag des Grillfests, als wir den Stand bereits wieder abbauten, punktete er direkt. Er konnte es einfach nicht mit ansehen, dass gebratene Putenkeulenstreifen und der lecker marinierte »Kohlaschnikow«-Rotkohl vom »Terror-Turkey« auf dem Müll landeten. Kurzerhand organisierte er ein paar Brötchen, schnitt sie auf und füllte sie direkt aus der frischen Mülltonne mit dem Kohl und der Pute. Der »Müll-Döner« war geboren.
Ein weiterer freier Mitarbeiter der RGF ist Dirk Fabrizius, der noch ab und an im »Dannenfelds« kocht, sein Geld aber eigentlich in der Altenpflege verdient und gelegentlich bei uns aushilft.
Jens Dannenfeld, ein alter Kollege von uns aus den Berliner »Steigenberger«-Zeiten, eröffnete später in Braunschweig sein eigenes Restaurant und stellte den Kontakt zum Roten her.
Der Rote, wie er sich wohl wegen seines vollen roten Schopfes nennt, ist auch im Tiefschlaf noch auf Standby gepolt. Wenn er während der Menüplanung oder dem Schreiben des Einkaufszettels im Sitzen ein-

schläft, heißt das nicht, er wäre nicht mehr bei der Sache. Irgendwie hat er den gesamten Warenbestand heimlich auswendig gelernt. Man braucht ihn nur anzuticken und zu fragen, wie viele Kartoffeln noch da sind oder ob die auch noch bis übermorgen zum Lunch reichen, schon schreckt er auf und gibt wie aus der Pistole geschossen eine korrekte Antwort, um dann sofort wieder in sich zusammenzusacken und weiterzuschlafen. Das ist wirklich ein Phänomen und hat schon viele Crew-Mitglieder, die Zeuge eines solchen Ereignisses wurden, stutzig gemacht.

Ebenfalls aus dem »Dannenfelds« stieß Henning Böhm zu uns. Henning hat dort gelernt und kein Problem damit, uns als Chefs zu respektieren. Er ist nicht gleich beleidigt, wenn Ole ihm reinpfuscht, und er hat auch kein Ego-Problem, vielleicht weil er noch nie selbst Küchenchef war oder es womöglich gar nicht werden will. Wenn er dann doch mal was vergeigt hat, guckt er nur schelmisch Ole an und zuckt kurz die Schultern: »Hm, ist schwarz geworden ...«

Einen Anschiss hat deswegen noch keiner gekriegt. Das kann halt jedem mal passieren, dass die Ofentür zufällt und die getrockneten Orangenscheiben verkokeln.

Als Henning zum ersten Mal für uns kochte, gefesselten Kabeljau mit Graupenrisotto und Rote Beete auf der Rammstein-Tour 2001 in Nürnberg, hatte er »Schiss wie ein Schuljunge vor der ersten Klassenarbeit«. Er hatte wohl schon geahnt, dass es keine geregelten Pausen und Ruhezeiten geben würde. Dass man in so einer improvisierten Küche auch leckere Mahlzeiten kochen kann und wir uns beim Anrichten der Teller »voll viel Mühe« geben, begeisterte ihn so sehr, dass er sich heute noch zur Erinnerung daran alte Rammstein-Scheiben anhört. Im Übrigen ist er eine kleine Sportskanone, die an einem freien Tag zum Wintersport fährt oder im Sommer surfen geht. Er verdient im Winter sein Geld als Snowboardlehrer und ist ein gefragter Gegner der Toten Hosen im Tischtennis. So freuten wir uns, dass sie ihn als Leibkoch engagierten, als sie für ein paar Wochen zum Song-Schreiben und Tischtennisspielen nach Ibiza flogen.

Henning ist ebenso wenig ein unmotivierter Koch, der sein Handwerk im »Ratskeller« oder in der »Treckerklause« gelernt hat, wie es Christian Candini war, den Ole im »Nil« kennen gelernt hatte und dem wir im Grunde unsere Deko zu verdanken haben. Während seiner Zeit im »House of Horror« drehte er nebenbei Splatterfilme, die zum großen Teil leider nie erschienen. In einem davon spielte Jörg sogar mal einen Bullen. Das Kochen mit dem komplett tätowierten langen Kerl war jedoch stets ein Ereignis, weil er mit links fabelhafte Buffetsalate oder Lunchgerichte aus »Resten« zauberte und sich hobbymäßig als Behelfs-Zombie-Darsteller verstellte, wenn er sich von hinten an jemanden ranschlich, ihm auf die Schulter tippte und dann, wenn man sich zu ihm umdrehte, ein geschlagenes Ei aus dem Mund triefen ließ. Später versuchte er sich noch als Pornoproduzent, arbeitet auf Grund des großen Erfolgs jetzt aber wieder in der Küche.

Es gibt noch ein paar andere Köche, die uns gelegentlich auf Tour verstärken. Da ist Bronco alias Dirk Wisnewski, der mit dem in der Gastronomie herrschenden Umgangston nicht klarkam, die Kochjacke an den Nagel hängte und lieber Sozialarbeiter wurde. Erst bei uns merkte er wohl wieder, dass Kochen auch Spaß machen kann. Zu Festivals hat er dann schon mal gerne einen Kicker oder eine Fritteuse aus dem Jugendheim mitgebracht, in dem er Kids betreut, die sonst wohl Gefahr laufen würden zu stranden.

Da ist Wolf Dieter Werner, kurz WDW genannt, unser Festival-Koch mit dem Überbiss, nach dem sich immer mal wieder Veranstalter oder Cateringhilfen erkundigen: »Wo ist denn der Nette mit den Zähnen?« Oder René Wodniczak, ein Arbeitstier aus Dresden, unser Quotenzoni. Und natürlich auch noch Simon Metzler von Marquards Cooking Gang. Dem armen Bajuwaren wächst ein mindestens 30 Zentimeter langer, dachlattenbreiter Grungebart aus dem Kinn.

Bislang sind wir ganz gut gefahren, unsere Leute auch mal machen zu lassen. Zwar ist keiner vor Allüren gefeit, und den optimalen Mitarbeiter gibt es ebenso wenig wie den optimalen Chef.

Dabei mögen manche Köche bestimmte Sachen partout nicht. So kann Jörg, der Auberginen hasst, das Aufschichten von Auberginenscheiben zu einem Turm jenen überlassen, die sie lecker finden. Ole, der keinen Käse mag, vor allem keinen Harzer oder Gorgonzola, kann sich in Ruhe dem Fleisch widmen, um das er immer so viel Aufhebens macht. Und häufig profitieren wir nachhaltig von unseren Köchen. So führte Kai-Uwe Moll 1997 beim »Hurricane«-Festival eine Mascarpone-Trauben-Schokoladencreme ein, die noch jeden Gast umgehauen hat. Dabei ist sie so einfach herzustellen, wie sie sich anhört: Man muss die Mascarpone lediglich mit etwas Frischkäse und Joghurt strecken, mit Milch etwas verdünnen und mit Zucker verrühren, sodass man eine schöne glatte Creme erhält. Dann kommen noch nicht zu fein gehackte dunkle Schokolade und kernlose Weintrauben hinzu, und fertig ist das Dessert, ohne das wir uns beim nächsten »Hurricane«-Festival gar nicht hätten blicken lassen dürfen.

Drei Akkorde für ein Ratatouille

Für ein klar strukturiertes Essen mit wenigen, aber erstklassigen Geschmacksnuancen, die den Gaumen nicht überfordern, sondern ihm schmeicheln, bedarf es kurzer und prägnanter Melodien. Aus unserer Küche dröhnen deshalb immer schnelle Rhythmen von den Beatsteaks, den Dead Kennedys oder den Vibrators. Nicht zuletzt, weil uns dann alles etwas schneller von der Hand geht. Wer dagegen U2 oder Genesis beim Kochen hört, darf sich nicht wundern, wenn er von einer lahmen Rotweinstimmung übermannt wird und für manche Arbeiten doppelt so lange braucht. HipHop oder Death Metal reichern das Essen automatisch mit Hass an. Bei Volksmusik gerät das Essen zu fettig, wie man an den Wildecker Herzbuben sieht, und bei Jazz völlig durcheinander.

Das mag verrückt klingen, ist aber so ungewöhnlich nicht. Der Münchener Promi-Koch Stefan Marquard steht auf die Toten Hosen. Sterne-Koch Wolfgang Müller hört gerne Marilyn Manson. Und wie man bei Anthony Bourdain nachlesen kann, hört er beim Kochen New Yorker Punkbands wie die Dead Boys, die Ramones oder Richard Hell & The Voidoids.

Was wir wohl jetzt machen würden, wenn wir vor gut zehn Jahren einen anderen Weg eingeschlagen hätten? Kurz bevor wir uns damals selbständig machten, war Food styling ein großes Thema. Doch in dieser Szene gab es Leute, mit denen oder für die wir nicht arbeiten

wollten: Wichtige Art Directors, gefrustete Fotografen, Stylisten und die ganzen Werbeaffen waren nicht unsere Welt.
Hätten wir eine typische Karriere gemacht, wären wir ins Ausland gegangen oder auf ein Schiff. Vielleicht hätten wir auch verschiedene Nobelschuppen abgeklappert und von anderen Köchen gelernt, wie man Kugelfisch-Sushi auf Lotusblüten mit getrüffelter Pavianhirn-Sabayonne macht. Aber würden wir dann unsere Kundschaft so gut kennen? Dass wir uns jeden Tag auf ihre Vorlieben neu einstellen und auch umgekehrt sie uns genauer kennen lernten, gehört wohl zu den prägendsten Erfahrungen der letzten Jahre. Außerdem war es immer wichtig, dass andere Köche vorbeikamen.
Seit Stefan Marquard uns mal vor einem Hosen-Konzert in Füssen von Campino vorgestellt wurde, kochen wir sporadisch zusammen. Er hatte lange Zeit in Italien gearbeitet, bevor er für Furore in der Feinschmeckerszene sorgte, weil er alles komplett anders machte. Obwohl er bereits recht bekannt war, als wir

in St. Leon-Rod Fury In The Slaughterhouse und Echt verpflegten, ließ er sich das nicht anmerken und blieb locker. Gemeinsam überlegten wir, womit wir die Gourmets von Fury verwöhnen könnten. Wir entschieden uns neben einem vegetarischen Gericht für Perlhuhnbrust auf Risotto mit Scampi-Vanille-Peperonata. Stefan kochte außerdem seinen gepiercten Walla mit lauwarmem Salat von mariniertem Suppenfleisch. Und weil wir Angst hatten, ob das unsere Kundschaft womöglich überfordert, kochte Ole schnell noch etwas, was mit größtmöglicher Sicherheit alle mögen – unsere Rinderfiletroulade mit Pflaumenchutney.

Das Kochen mit ihm gab uns den letzten Kick. Das »Konglomerat« gehörte zwar längst zum Menüplan einer jeden RGF-Tour, doch erst das gemeinsame Kochen mit ihm ermutigte uns, Klassiker wie »Königsberger Klopse« oder »Hühnerfrikassee« nur noch mittags anzubieten.

Normalerweise haben Köche ein Ego-Problem. Wenn man Stefans Reagenzglas-Nummer – wenn es denn seine ist – beispielsweise für einen Karotten-Kick übernimmt, macht er jedoch keinen Larry daraus, sondern freut sich eher darüber. Er vermengt auch gerne geschmackliche Gegensätze wie Champagner-Pansen mit Zander und Blutwurst. Dass er auf die Kombination von Fleisch und Obst überhaupt nicht steht, wussten wir allerdings nicht. Gleichwohl sprang er über seinen Schatten und mengte seinem »Blutwurst-Strudel« auf unsere Anregung hin Apfelstücke bei.

Er hatte einfach Bock, für die Musiker und Roadies zu kochen, und er genoss die Atmosphäre, die bei uns herrscht, offenbar so sehr, dass er beim nächsten Mal, als wir mit den Ärzten in München waren, gleich mit fünf Angestellten anrückte und unsere Tour-Küche auf den Kopf stellte.

Unter anderem gab es »Thai-Curry in Cocos-Sauce« für die Vegetarier, das sie mit Krupuk, chinesischem Krabbenbrot, garnierten. Das darf man bei vegetarischen Gerichten natürlich nicht machen, weil Krabben ja schließlich auch Tiere sind, obwohl Krupuk sehr gut mit dem Kokos und dem Curry harmoniert.
Immer wieder gern gesehene Gastköche der RGF sind Marco Müller und Ralf Zacherl, die wir beim »Kochen gegen Rechts« kennen gelernt haben. Vom »Feinschmecker« zum Aufsteiger des Jahres 2000 gewählt, bildet Marco Müller sich darauf aber nichts ein, sondern kommt fast immer vorbei, wenn wir in Berlin gastieren. Mal bringt er Lavendel mit, das er noch überhat, und mal Safran, wenn er gerade eine ganze Ladung davon geschenkt bekam. In unserer Küche kennt er sich mittlerweile ganz gut aus. Meistens guckt er erst mal, was wir gerade dahaben, und zaubert dann aus den vorhandenen Lebensmitteln beispielsweise ein leckeres »Türken-Sushi«, das er in Fladenbrot statt in Nouri einwickelt und auf unseren Fliesen anrichtet. Aber immer gibt es schwarzen Kümmel, den er total gut findet. Ohne den geht (fast) nichts. Und Ole kann inzwischen auch schon nicht mehr ohne.
So unterschiedlich Marquard, Müller oder Zacherl auch sind, so sehr ist es ihnen ein Anliegen, nicht immer das Gleiche zu kochen, sondern ständig etwas Neues zu kreieren. Uns geht es da ähnlich: Die Philosophie ist die gleiche, nur die Umsetzung fällt jeweils etwas anders aus.

Kochen für Körnerfresser

Wer in einem normalen Restaurant ein vegetarisches Gericht bestellt, muss schon verdammtes Glück haben, um nicht reingelegt zu werden. Die meisten Köche sind engstirnig, ignorant und fleischgeil. Sie hassen Vegetarier und behandeln sie wie Aussätzige. Deshalb verwenden sie oft, ob aus Nachlässigkeit oder aus Faulheit, heimlich Fleischbrühe für vegetarische Saucen, schneiden die Zutaten für das Gemüsetempura auf ihren blutigen Fleischbrettern oder werfen den panierten Feta mit auf den Fleischbräter. In vielen Läden der gehobenen Gastronomie wird mit »Power« gekocht, einer gekörnten Hühnerbrühe, die einem Essen angeblich den letzten Kick gibt, an deren Geschmack man sich aber fatalerweise so schnell gewöhnt, dass man nur noch schwer ohne sie auszukommen scheint. Kaum ein Schickimicki-Koch ist dann noch in der Lage, ein Salatdressing ohne »Power« zu machen. Und selbst der Entremetier, der für die Gemüsebeilagen zuständig ist und ja eigentlich ein in vegetarischer Verantwortung stehender Koch sein könnte, löscht vegetarische Gerichte nur allzu gern mit einem Rinder- statt mit einem Gemüsefond ab.

Dies geschieht nicht mal aus Bosheit. Es sitzt einfach nur tief in jedem Koch drin, und er meint es fast immer gut, wenn er den Reis mit dem Fett von Chicken Wings etwas »schmackhafter« macht. Oft steckt dahinter auch eine gewisse Hochnäsigkeit dem Gast gegenüber.

Denn in den Augen der meisten Köche sind Vegetarier lediglich verblendete Gras- und Körnerfresser.
Man muss ja nicht gleich mit der BSE-Keule winken, aber was ist denn an dem ausdrücklich erklärten Wunsch eines Gastes, sich vegetarisch ernähren zu wollen, so verwerflich, dass er von fast allen Köchen unterlaufen und auf fast allen Speisekarten ignoriert wird? Was ist schon so schlimm daran, einfach mal auf gebackenes Tier zu verzichten und aus Ziegenkäse, Gemüse, Nüssen und mit Oliven gefüllter Pasta ein Gericht zu kreieren? Das kann für einen Koch schließlich eine ebenso große Herausforderung sein, als müsste er Karnickelöhrchen braten.
Hinzu kommt für den Konsumenten fleischloser Genüsse leider, dass vegetarische Restaurants oft grottenschlecht sind, weil die Leute, die dort kochen, bestimmt keine richtige Ausbildung haben. Wie denn auch? Es gibt ja gar keinen speziellen Ausbildungsgang zum vegetarischen Koch. Wer Angst vor Fleisch hat, kann diesen ehrenwerten Beruf nicht erlernen.
Kein Wunder also, dass es den vegetarischen Do-it-yourself-Köchen an Grundwissen mangelt und sie überwiegend nur fade, langweilige Sachen zusammendödeln. Ihr ängstlicher Umgang mit den richtigen Gewürzen und die absurd-seltsamsten Zusammen- oder Nichtzusammensetzungen rühren häufig daher, dass sie sich schier nicht auskennen. Deshalb unterscheidet sich ein vegetarisches Restaurant nur selten vom langweiligsten Nudel-Pizza-Italiener-Imbiss um die Ecke.
Neben den »normalen« Vegetariern, die Milchprodukte oder Eier essen, gibt es natürlich noch ihre kulinarisch gestrengeren Verwandten, die Veganer. Veganer verzichten gänzlich auf alles Tierische.
Anstelle von Sahne – Kokosmilch, statt Butter – Sojamargarine und zur Bindung von leckeren Gemüsebrat-

lingen Tempurateig als Ei-Ersatz. Schon mit einfachen Mitteln kann man Fleischgerichte ebenbürtig ersetzen.
Je länger eine Tournee dauert, desto mehr steigt die Nachfrage nach vegetarischen Gerichten. Nicht, dass plötzlich alle Vegetarier werden. Ihr Anteil ist in all den Jahren ziemlich konstant geblieben und liegt bei knapp einem Viertel. Immer mehr Nicht-Vegetarier entscheiden sich dann aber schon mal öfter für eine fleischlose Mahlzeit, die vor allem an heißen Tagen nicht so schwer im Magen liegt. Für einige ist eine Tour mit uns sogar eine willkommene Gelegenheit, vorübergehend ganz auf Fleisch zu verzichten.
Natürlich gibt es noch genügend, die trotzdem jeden Tag Fleisch sehen wollen, wenn schon nicht Rindfleisch, dann wenigstens Geflügel. Doch auch die haben schon mal versehentlich einen Karotten-Ingwerbratling bestellt, weil der genauso lecker aussah wie das »normale« Gericht. Wichtig ist nur, dass man nicht den billigsten Käse, die fadesten Oliven und das preisgünstigste Risotto einkauft, sondern man diesen Essen genauso viel Wert und Aufmerksamkeit schenkt wie den Fleischgerichten. Dann kann man seinen Gästen auch guten Gewissens in die Augen gucken.

Rien ne va plus

Das Tragen von Sonnenbrillen ist in unserer Küche den Künstlern vorbehalten. An diese ungeschriebene Hausordnung hält sich eigentlich jeder. Nur manche Veranstalter machen da gerne mal eine Ausnahme. Schließlich sind sie ja mindestens genauso wichtig.

In der Tat handelt es sich bei ihnen und ihren Erfüllungsgehilfen um eine besondere Spezies. Die Chance, richtig viel Schotter oder richtig viel Miese zu machen, sich auf den Bahamas zur Ruhe zu setzen oder Pleite zu gehen und von Sozialhilfe zu leben, zieht immer wieder zwielichtige Pokerspieler und aufgeplusterte Goldkettchenträger an. Draufgänger, die ihren Job nicht sonderlich ernst nehmen und nur zum Geldzählen oder Posen vorbeikommen. Schräge Vögel, die nicht mehr zu einem geregelten Arbeitsleben fähig oder für einen gewöhnlichen Job geeignet sind. Und die sich richtig geil finden in ihrer speckigen Lederkluft oder dem praktischen Overall, unter dem sich ein mühsam erarbeiteter Bierbauch spannt. Aber kann ihnen nicht mal jemand sagen, dass Zöpfe bei Männern schon lange out sind?

Wir wissen schon, was sie gleich sagen werden, bevor sie überhaupt den Mund aufmachen, wenn sie uns kochen oder unser Schnapslager sehen:

»Ist das alles für mich?« – Grrr…

Oder: »Das wäre doch nicht nötig gewesen.« – Grrrrr…

Sehr beliebt ist auch:

»Das kann gleich in mein Büro gebracht werden!« – ϟ☠✸✪!!

Sonst sind sie mitunter von eher schlichtem Gemüt. Manche machen sich noch nicht mal die Mühe, wenn sie es denn überhaupt können, sich unsere Bewerkstelligungsorder durchzulesen, und fast immer fehlt es an ausreichend Mundeis.

Für den Laien mag das nicht nachvollziehbar sein, warum wir so viele Eiswürfel benötigen. Wir brauchen sie, damit in den Garderoben, dem warmen Cateringraum und auf der Bühne Getränke in Plastikwannen gekühlt werden können. Und auf der Aftershow-Party will auch niemand lauwarmes Bier trinken. Wenn ein Veranstalter uns also weismachen will, dass 10 kg Eiswürfel in einen 10-Liter-Eimer passen, geht Jörg regelmäßig an die Decke. Dass die Dichte von Eis und Wasser differiert, ist noch unerheblich. Dass aber in einem Eimer voller Eiswürfel Zwischenräume aus Luft zwischen den einzelnen und innen meist hohlen Würfeln entstehen, die natürlich nichts wiegen, aber den Eimer füllen, lernt man doch schon im Physikunterricht.

Bei großen, ausverkauften Produktionen, wenn der örtliche Veranstalter dank eines garantierten Umsatzes kein Risiko eingeht, klappt dies natürlich viel reibungsloser als bei kleineren Tourneen, die womöglich auch noch floppen. Dann wird jeder Cent gespart.

Uns hat das aber nicht zu interessieren, wie viele Zuschauer kommen oder nicht. Das hat auf unseren Bedarf an Lebensmitteln und Getränken keinerlei Einfluss. Das Essen muss halt pünktlich auf dem Tisch stehen, damit vor Showbeginn gegessen werden kann – egal, ob das Konzert ausverkauft ist oder den Veranstalter in den Ruin treibt.

Das Knausern haben Veranstalter oft so verinnerlicht, dass wir ihnen das gelegentlich schon nachsehen,

wenn sie zwei bis drei Stunden ihrer kostbaren Zeit am Telefon verbringen, um 20 Euro zu sparen. Das macht den Kohl letztlich auch nicht fett, aber ein Veranstalter steht eben unter Strom und weiß oft aus eigener leidvoller Erfahrung, dass sich diese Kleinigkeiten zu einem Berg von Schulden auftürmen können.
Folkert Koopmanns versuchte deshalb, beim ersten »Hurricane«-Festival in Scheessel am Catering für die Local Crew zu sparen, und buchte für sie eine verdächtig billige Verpflegung, mit dem Resultat, dass die Crew drohte zu streiken und die Bühne abzufackeln. Schließlich geht die körperlich ziemlich harte Arbeit auf so einem großen Spektakel ja über mehrere Tage.
Plötzlich standen die Buben dann in unserem Zelt und wollten frühstücken. Wir hatten noch gar nicht aufgemacht, es war schließlich erst halb acht, und das Bandcatering sollte erst um 9:00 Uhr öffnen.
Alles wäre ja kein Problem gewesen, wenn Folkert am Vortag von seinem kurzfristigen Entschluss, die Helfer-Crew nun doch von der RGF durchfüttern zu lassen, auch uns etwas gesagt hätte. Wir hätten uns glatt den Wecker ein gutes Stündchen eher gestellt und schon mal ein Käffchen gekocht.
Erzürnt über den fehlenden Informationsfluss, gepaart mit kaum zu übertreffender Morgenmuffeligkeit, rannte Ole fauchend auf dem Platz umher und fragte jeden lautstark, wo dieser Hobby-Veranstalter sei.
Weil der wohl gerade mit seinem Fahrrad unterwegs war und eigenhändig (!) lückenhaft aufgebaute Bauzäune flickte, damit es zahlungsunwillige Musikfreunde schön schwer haben, schnappte Ole sich einen seiner Assis und machte den stellvertretend lang.
Folkert musste sich von allen Zeugen dieses Schauspiels noch Wochen danach als der »Jean Pütz vom Hurricane« betiteln lassen.

Manchmal weiß man nicht, ob man sein Geld kriegt. Wie beim »Jazz Port«-Festival am Hamburger Fischmarkt, als wir mit dem Veranstalter Thomas Engel abrechnen wollten, er aber plötzlich verschwunden war. Auf der Suche nach ihm fuhren wir zigmal vergeblich zu seinem Büro. Telefonisch war er nie zu erreichen. Und wir waren drauf und dran, ein Inkasso-Unternehmen aus St. Pauli damit zu beauftragen, uns die Kohle zu beschaffen, als er nach neun Monaten endlich zahlte. Da waren wir gerade noch mal an einer frühzeitigen Pleite vorbeigeschrammt.
Sobald die Besucher in die Halle strömen, alles nach Plan läuft und nichts Schlimmes passiert, weicht die Anspannung schnell einem breiten, zufriedenen Grinsen, das sich über das ganze Gesicht eines Veranstalters zieht. Dann fühlen sie sich ganz »easy«, laufen wie bekifft durch die Gegend und zeigen jedem ihre strahlend weißen dritten Zähne, weil sie für Wolfsheim in Berlin nur einen Trailer benötigt haben, aber mehr Zuschauer hatten als Kiss am selben Tag in der Waldbühne mit ihren 18 Trucks. Dann sind sie tierisch gut drauf und könnten die ganze Welt umarmen. Und manchmal tun sie das ja auch – wenn die Welt gut aussieht und Titten hat.

Klemmbrett & Kittel

Wenn in kleineren Gemeinden ein Rockkonzert oder ein Festival über die Bühne geht, wird es im Backstagebereich eng. Mindestens 30 Angehörige der Freiwilligen Feuerwehr und je eine Hundertschaft Sanitäter und Polizisten stehen sich dann hinter der Bühne die Beine in den Bauch, viele haben auch ihre Familien mitgebracht, die »nur mal gucken« wollen, was dort alles passiert oder auch nicht. Am wichtigsten nehmen sich jedoch die Hausmeister, die davon überzeugt sind, dass ohne sie nichts läuft, obwohl sie eigentlich am wenigsten zum Gelingen der Veranstaltung beitragen und nur darauf achten, dass alles so gemacht wird, wie sie das schon immer gemacht haben. Bloß keine Experimente!

Da in diesen ländlichen Stadthallen oder Gemeindezentren höchstens alle halbe Jahre eine Veranstaltung stattfindet, sind sie oft schon überfordert, wenn man sich nach Stromanschlüssen erkundigt oder sich kurz den Notausgang öffnen lassen möchte, um schnell das Runnerauto zu entladen.

Schlimmer führen sich nur noch die Brandschutzbeauftragten oder Veterinäre auf, die in ihren Ämtern ein eher tristes Dasein fristen und den Herren Rockstars mal zeigen wollen, wo der Hammer hängt. Dann wird der Abstand einer Gasflasche zur Zeltwand vermessen, mit dem Resultat, dass die Flasche um zehn Zentimeter verrückt werden muss. Oder der Holzfuß-

boden soll aus hygienischen Gründen im Küchenbereich mit PVC-Folie ausgelegt werden, weil Köche ja immer auf dem Fußboden schneiden.
Natürlich machen strenge Lebensmittel- und Hygienevorschriften Sinn, und wir tun ja auch alles, um sie zu befolgen. Oft handelt es sich bei den verfügten Maßnahmen aber um reine Schikanen, mit denen sich nur jemand wichtig machen will. Gleichwohl hat uns das Veterinärsamt Rotenburg/Wümme als »sauber geführten Betrieb« eingestuft und uns das schriftlich gegeben. Diese Urkunde haben wir natürlich ordnungsgemäß weggeheftet, damit sie keine Eselsohren bekommt oder mit Fettflecken besudelt wird.
Auf einem späteren »Hurricane«-Festival kochten wir für ein paar Hundert Musiker und ihr Gefolge, und das alles unter den strengen Augen des Ordnungsamtes. Kühlschranktemperaturen, Essensausgaben und Geschirrrückgaben, »Lebensmitteleignungs-Symbole« auf Wasserschläuchen, die Rutschfestigkeit des Bodens – alles wurde gemessen und ausgelotet, auf Klemmbrettern skizziert und auf vorgefertigten Listen abgehakt. Gesundheitszeugnisse wurden von jedem kontrolliert. Militärisch wurde jeder einzelne unserer Mitarbeiter von »Leutnant Amtsvorsteher« aufgerufen und zu ihm an den Tisch zitiert. Tine war vollbusig, trug Afro-Zöpfe, die oben aus ihrer »Kochmütze« lugten, und hatte als einzige Cateringhilfe ihr Gesundheitszeugnis nicht dabei. Doch störte dies anscheinend in diesem Falle auf einmal nicht weiter. Am nächsten Tag tauchte er mit einem Fotoapparat auf. Nicht etwa, um den Zustand der Zeltküche erneut zu dokumentieren, sondern nur um ein Foto von Tine zu schießen.
In der Kölner »Live Music Hall« kam Ole mal mit der Freundin des Hole-Gitarristen Eric Erlandson ins Gespräch, einer sehr schnuckeligen und sympathi-

schen Blondine. Es dauerte natürlich einige Zeit, bis er schnallte, mit wem er sich da eigentlich unterhalten hatte. Die Hole-Tour war längst vorbei, als sie ihm plötzlich von Bauzäunen entgegenlächelte, auf denen für die neue »HörZu« geworben wurde. Ole wunderte sich: »Die kennst du doch?« Und kratzte sich am Kopf: »Drew Barrymore?«
Fortan nervte er jeden Tourleiter damit, sie auf die Gästeliste zu setzen, mit dem Argument: »Sie sucht mich!« Schließlich hätte es ja sein können, dass sie sich nach ihm genauso verzehrte wie er sich nach ihr und ihm nachreiste. Erst als Ole in der Krefelder Glockenspitzhalle eine Cateringhilfe kennen lernte, wurde Drew Barrymore von der Gästeliste gestrichen.
Unsere Freundin Nina trafen wir zum ersten Mal 1993 im Café der Kasseler Diskothek »Spot«, das als Backstage-Bereich für die Ärzte diente. Nina jobbte damals als Cateringhilfe, weil sie sich einen Rockstar angeln wollte. Wir hatten eine Menge Spaß an diesem Tag, der damit endete, dass Nina ein Einmachglas zum Cocktail-Shaker umfunktionierte …
Später besuchte sie uns bei Ärzte-Konzerten, half in der Küche aus, schnitzte aus Mohrrüben Phallussymbole und schmierte »für hinterher« Sandwiches. Nina war das erste Catering-Groupie in der noch jungen Geschichte unseres Tourcaterings. Und sie war auch zur Stelle, als unsere Küche einmal fast in den Fluten versunken wäre.
Eine Film-Company hatte in St. Peter Ording die erste Staffel der TV-Serie »Gegen den Wind« gedreht und uns für die Abschlussparty mit Smokie, die den Titelsong beisteuerten, am Strand engagiert. »All den Sand vom Essen fernzuhalten, wäre für uns kein unlösbares Problem gewesen«, erinnert sich Nina, »und wir schafften es sogar, dank der Oberarmmuskulatur von

Ralf Bauer, die Prosecco-Flaschen mit den einzementierten Korken zu öffnen. Aber von einer Springflut hatte niemand gesprochen!«
Die Schauspieler und Gäste mussten in Windeseile mit Traktoren von dem Pfahlhaus, in dem die Party stattfand, abtransportiert werden, während Jörg, Ole und Nina hektisch versuchten, Hab und Gut der RGF den Fluten zu entreißen, und dem »Blanken Hans« so ein Schnippchen schlugen.

V. Immer unter Strom

Ist das noch Rock ’n’ Roll?

Wir waren mit Punkbands wie den Ärzten, den Hosen, der Terrorgruppe und Wizo auf Tour, aber mal abgesehen von unserem Betriebsausflug mit den Rubbermaids war die Bates-Tournee die einzige echte Punkrock-Tour, auf der wir gekocht haben. Nicht nur, weil mit Stimpy, den New Wave Hookers, Three O’ Clock Heroes und B. Bang Cider, bei denen der jetzige Hosen-Drummer Vom Ritchie trommelte, wirklich gute, aber gänzlich unbekannte Punkbands im Vorprogramm spielten, sondern auch weil die Bates auf dieser Tournee in einer ganzen Reihe von Dreckslädenauftraten.

Die Bates-Tour fand mitten im Winter 1996/97 statt. Oft war es das erste Konzert seit Wochen, das in den ranzigen Clubs über die Bühne ging. In den bis auf die Grundmauern ausgekühlten Läden dauerte es manchmal fast den ganzen Tag, bis die Klos und die für Caterer lebenswichtigen Wasserleitungen wieder aufgetaut waren. Und von den Betonfußböden bekam man eiskalte Haxen.

Einen Runner gab’s natürlich auch nicht. Dafür war diese Produktion einfach zu klein und der Bates-Manager Bernie Schick zu geizig. Stattdessen düste Jörg jeden Tag im 86 000 Mark teuren Batesmobil in unbekannte Einkaufsparadiese. Bei diesem Modell handelte es sich um einen nagelneuen schwarzen Luxus-VW-Bus mit superschnellem Motor, extrem gut sortiertem CD-Wechsler, entsprechender Anlage, Ledersesseln

und einer schwarz glänzenden Speziallackierung, der den ganzen Stolz der Band darstellte.
Die Bates waren aber auch eine »Basis-Band«. Jeder, der nur leises Interesse zeigte, nach dem Auftritt mit der Band zu feiern, wurde eingeladen. Was für uns bedeutete, dass wir spätestens während der letzten Zugabe unser Zeug verpackt haben mussten, bevor jemand etwas abgreifen konnte.
Im Nightliner war Jörg der einzige Nichtraucher, alle anderen weigerten sich standhaft, mal durchzulüften, aus Angst vor einem Sauerstoff-Flash. Von früh morgens bis spät abends lief Punkrock. Und aus hygienischen Gründen musste die Morgentoilette schon mal vom clubeigenen Abort ins Kunden-WC eines Mediamarktes verlegt werden. Offensichtlich waren die ignoranten Veranstalter der Meinung, dass man sich bei so komischen Typen wie den Bates keine Mühe geben müsse, obwohl deren Konzerte fast alle ausverkauft waren.
Mal mussten wir in der Werkstatt des Hausmeisters kochen, mal in der Mädchenumkleidekabine einer Schulturnhalle. In der Ansbacher Tennishalle steckte man uns in einen Squashcourt, der hinterher renoviert werden musste, weil der Holzfußboden vom Spülwasser aufgequollen und mit Fettspritzern übersät war. Und weil der Bates-Sänger Zimbl vor einem Konzert keinen Bissen runterbekam, kredenzten wir ihm nach jedem Auftritt ein Mahl, das wir auf einem Zwei-Platten-Kocher erwärmten, wie man ihn aus Dokumentarfilmen über heruntergekommene Männerwohnheime kennt.
Am schlimmsten war es jedoch in Durlach bei Karlsruhe. Der Truck mit unserer Tourküche hatte drei Offdays lang bei minus 18 Grad im Freien überwintert, und als wir unser Equipment in den ungeheizten Keller-

raum schleppten, in dem wir kochen sollten, fielen uns fast die Hände ab. Die Cases waren bis zum Kern tiefgefroren und tauten den ganzen Tag nicht auf, da es in dem Keller nur geringfügig wärmer war als draußen. Nicht mal ein Heizlüfter stand uns zur Verfügung! Und die Butter mussten wir in den Kühlschrank legen, um sie wenigstens einigermaßen streichfähig zu bekommen.
Immerhin haben wir aber so mal eine gefrorene Banane gesehen. Die Schale ist zunächst dunkel, wird, wenn man sie kurz in die Hand nimmt, von der Körperwärme wieder gelb, um dann, wenn sie aufgetaut ist, erneut die Farbe zu wechseln und braun und alt und matschig zu werden.
Nicht immer ideale Bedingungen herrschten auch in den Clubs, in denen Phillip Boa auftrat. Im Rostocker »Mau« sollte unsere Küche in zwei recht kleinen Räumen untergebracht werden, die auch noch der einzige Zugang zu den Backstage-Toiletten und den Duschen waren. Wer also mal aufs stille Örtchen wollte, musste erst die ohnehin enge Küche durchqueren.
Als Ole die Räumlichkeiten inspizierte, traf ihn der Schlag. Nicht etwa, weil alles komplett versifft war. Das kennt man in diesem Job ja zur Genüge, und auch nicht, weil nur ein klappriger Buffettisch vorhanden war. Nein, nicht weniger als zwölf Sofas moderten in der »Küche« vor sich hin, in den beiden Räumen verteilt wie Legosteine in einer Wühlkiste. Und als Ole die Kaffeemaschine auf den Tisch stellen und Kaffee kochen wollte, musste er auch noch feststellen, dass der Tisch spätestens nach zwei Minuten unter dieser Last zusammenbrechen würde.
Das war einfach zu viel des Guten. Innerlich brodelnd, trat er die ohnehin wackeligen Beine ab, schnappte sich wutschnaubend die Tischplatte, stapfte damit in den Saal, wo bereits fleißig aufgebaut wurde, und

schmiss sie dem örtlichen Veranstalter vor die Füße. Wenn nicht binnen zwei Minuten ein intakter Tisch da sei, brüllte Ole ihn an, verweigere er die Arbeit. Alles Weitere könne er dann ja mit Herrn Boa besprechen.
Das saß. Es wurde totenstill im Saal, denn Boa war ja damals für seine Wutanfälle berüchtigt. Seinen Zorn wollte niemand auf sich ziehen.
Kai-Uwe, der Jörg an diesem Tag vertrat, hatte Angst, dass Ole diesmal vielleicht zu weit gegangen war. Doch die Gardinenpredigt verfehlte nicht ihre Wirkung. Der Veranstalter flitzte sofort los, um alles zu organisieren, und wir bekamen, was wir benötigten.
Rostock und die Bates-Schuppen sind keine Einzelfälle. In den seltensten Fällen stehen uns richtige Küchen mit großen Abzugshauben zur Verfügung. In der Regel werden wir in kleinen, fensterarmen Kellerlöchern oder Umkleidekabinen von Sport- oder Turnhallen mit niedriger Deckenhöhe gehalten. Wo die Luft mit Fettpartikeln vom Braten gesättigt ist und von den durchgehend volle Pulle laufenden Herden und Öfen aufgeheizt wird, ohne abziehen zu können. Im Hochsommer, doch nicht nur dann, entstehen in unserer Küche oft schier unerträgliche Temperaturen, denen wir machtlos ausgeliefert sind.
Und das gilt keineswegs nur für Clubs. Die Messehalle von Guildo Horns Heimatstadt Trier hat zwar einen geräumigen Küchenbereich, verfügt aber weder über Abzugshauben noch über eine Heizung, sodass im Winter alle Fenster beschlagen, wenn die ersten Töpfe auf dem Herd stehen. Der Nebel ist dann so dicht wie in einer Waschküche, und man kann beim Schneiden kaum seine eigenen Hände erkennen.
In der Musik- und Konzerthalle Lübeck befinden sich die Garderoben keineswegs hinter der Bühne wie die Küche, sondern auf der entgegengesetzten Seite der

Halle. Der etwa 200 Meter lange Weg dorthin ist gespickt mit diversen Zwischenebenen, Treppen und Türen, sodass wir zusammengerechnet etwa anderthalb Stunden unterwegs waren, nur um die Toten Hosen mit Getränken und Eiswürfeln, Tee und Broten zu versorgen.
In Augsburg gibt es einen Cateringraum im eigentlichen Sinne erst gar nicht. Dort dürfen wir unsere Zelte in einer Ecke der Halle hinter der Bühne aufschlagen. So haben wir zwar genügend Platz, aber das bedeutet auch, dass wir uns ab Showtime kaum verständigen können wegen des undefinierbaren Tonbreis, der vor der Bühne noch Musik ist. Und da die Musiker ungern bei Putzlicht spielen, ist es entsprechend dunkel.
Beim Bau der Arena in Oberhausen hat man »das Catering« gleich ganz vergessen. Dafür wurden Container vor der Halle aufgestellt. So mussten wir die Teller bei Temperaturen unter Null durch den eisigen Wind in den ungemütlichen Essensraum tragen, der durch trashige Holzstellwände vom Ladebereich abgetrennt ist. Und das in einer Halle, die den höchsten Ansprüchen genügen will.
Da ist man schon froh, wenn die Küche nur zu eng ist, wie in Zwickau. In solchen Fällen stellt man halt zwei Tische aufeinander, die man dann als Regal nutzen kann. Das ist, zugegeben, eine etwas wackelige Angelegenheit, die sich aber recht gut bewährt hat, bis Ole gestolpert ist, kurz nachdem die Hosen die Bühne verlassen haben. Alle Aftershow-Teller, die sie sich reservieren ließen, machten einen Abgang, unsere CDs dazu und der Tisch landete in Simons Kreuz. Mit Wildschwein und Waldpilzen, auf die die Band sich so gefreut hatte, konnten wir da leider nicht mehr aufwarten. Peinlich.

Back to the roots

Nach der »Auswärtsspiel«-Tour der Toten Hosen, auf der wir zu fünft waren, freuten wir uns auf einen Job zu zweit. Das ist zwar noch anstrengender und zehrt noch mehr an den Kräften, weil wir alles selbst machen müssen. Trotzdem ist das gelegentlich wichtig, damit wir uns nicht ganz aus den Augen verlieren. Während der großen Produktionen sind wir häufig in verschiedenen Räumen untergebracht und sehen uns manchmal den halben Tag gar nicht oder nur im Vorbeihuschen.

Bei kleineren Tourneen kann das nicht passieren. Da haben wir den ganzen Tag lang miteinander zu tun. Es sei denn, Jörg lässt sich gerade in der Metro massieren und Ole muss gleichzeitig kochen und Zigaretten rausgeben, aufpassen, dass nichts anbrennt und keiner zu lange auf seine Rühreier wartet. Dann fehlen ihm schnell mal ein paar Hände.

Mal davon abgesehen, dass wir es brauchen, um zu sehen, ob unser Zusammenspiel noch funktioniert, bedeuten weniger Esser nicht unbedingt weniger Arbeit. In der Metro muss Jörg genauso lange an der Kasse warten, als würden wir für 70 statt nur für 30 Leute kochen. Wir müssen zwar nicht so viele Sandwiches schmieren, dafür haben wir aber auch nur ein oder zwei Cateringhilfen. Ob wir nun ein Kilo Kartoffeln kochen oder fünf, ist auch kein so großer Unterschied. Die Gewinnspanne ist bei einer kleinen Tour natürlich

auch kleiner, und ein Herd amortisiert sich bei einer großen Produktion schneller. Und für aufwändig frittierte Tellerdekoration und zum Ausprobieren verrückter, neuer Kreationen bleibt wenig Zeit.
Die Ideen, die schon im Verlauf einer großen Produktion umgesetzt wurden, können auf einer kleinen Tour jedoch ausgefeilt werden. Und Jörg, der nicht nur aus Zeitmangel, sondern auch aus Überzeugung sehr einfach kocht und auf jeglichen Schnickschnack verzichtet, hat dann oft die geilsten Einfälle, für die er nur drei Zutaten benötigt. Die Ramones haben ja auch nie mehr als drei Akkorde gebraucht, um einen Song zu schreiben.

Kochen gegen Rechts

Im Sommer 2001 erzählte uns Christian Romanowski, ein Importeur hochwertiger japanischer Küchenmesser, dass er gerade versuche, Deutschlands Star- und Sterneköche für eine bundesweite Aktion am 9. September zu gewinnen, mit der er ein Zeichen »für mehr Gastfreundlichkeit« setzen wollte. Unter dem Motto »Kochen gegen Rechts« war geplant, ein 5-Kontinente-Menü zum Preis von 200 Mark anzubieten und so Zivilcourage gegen rechte Gewalt zu demonstrieren. Die Hälfte der Einnahmen sollte dem von Paul Spiegel, Michel Friedman und dem damaligen Bundespressesprecher Uwe-Karsten Heye gegründeten Verein »Gesicht zeigen!« gespendet werden, einer Initiative gegen Rassismus und Fremdenfeindlichkeit. Als Schirmherr der bundesweiten Aktion fungierte der »Tagesthemen«-Moderator Ulrich Wickert, der das savoir vivre in seiner Zeit als ARD-Korrespondent in Paris schätzen gelernt hatte, ein ausgewiesener Gourmet also.

Wir fanden die Idee großartig, ist doch die Gastronomie in Deutschland, wie der Stuttgarter Starkoch Vincent Klink richtig erkannt hat, »allgemein verdammt rechtslastig«. Außerdem waren wir gerade mit den Ärzten auf Tour, auf der es am Ende eines langen Arbeitstages in Würzburg fast zu einer Schlägerei zwischen der Roadcrew und örtlichen Aufbauhelfern gekommen war, als sich herauskristallisierte, dass einige

Würzburger Stagehands der rechtsradikalen Szene angehörten.
Über diesen Vorfall wurde nicht nur erregt im Tourbus diskutiert, sondern auch im Forum unserer Webseite. Schließlich ging es nicht an, dass Ärzte-Fans mit ihren Eintrittsgeldern indirekt rechtsradikales Gesindel unterstützten. Nicht umsonst heißt es in der Bühnenanweisung der Ärzte, die Bestandteil eines jeden Vertrages ist:
»Einige Veranstalter scheinen nicht ohne Sharp-Skins bzw. Red-Skins in der Security auszukommen. Wir bitten darum, dass sich diese Personen deutlich durch Tragen entsprechender T-Shirts als Nicht-Rechte outen. Die Erfahrungen in der Vergangenheit haben gezeigt, dass das Publikum stark verunsichert ist, wenn es von Skins z. B. nach Waffen untersucht wird. Kurzhaarige Subjekte, die sich weigern, die entsprechenden Shirts zu tragen, werden bitte fristlos entlassen und sind durch Menschen zu ersetzen.«

Per Rundbrief wiesen die Ärzte alle Veranstalter noch einmal dezidiert auf diesen Passus hin.
Was lag also näher, als auch einen bescheidenen Beitrag im Kampf gegen Fremdenfeindlichkeit zu leisten? In der heilen Welt der schick angerichteten Teller und glasierten Entenstopfleber war das längst überfällig. Nur hatten wir kein Restaurant, mit dem wir uns an einer öffentlichen Aktion beteiligen konnten.
So setzten wir uns wenigstens ans Telefon, um bekannte und befreundete Küchenchefs für eine Teilnahme zu begeistern. Beim »Dannenfelds« aus Braunschweig und Kai-Uwe Moll vom Hannoverschen »Basil«, der bereits auf mehreren Tourneen bei uns ausgeholfen hatte, gelang uns dies mühelos, hatte doch Jens Dannenfeld solche Essen »gegen rechte Gewalt« bereits zuvor im Alleingang bestritten. Außerdem konnten wir Romanowski noch den Kontakt zu Christian Rachs Hamburger Sterne-Restaurant »Tafelhaus« vermitteln, das sich ebenfalls an der Aktion beteiligen sollte.
Das »Nil«, ein durchaus politisch korrektes Restaurant am Hamburger neuen Pferdemarkt, wollte sich hingegen nicht an dieser Aktion beteiligen. Sie hatten Angst vor Anschlägen der sich links-autonom schimpfenden »Punker-Polizei«. Hatte die doch einst den Vorgängerladen, das »Caspari« im Karo-Viertel, hochgenommen, weil sie sich von seinem Slogan – »Schlemmen in der Bronx von Hamburg« – provoziert und veräppelt fühlte. Ferner wurden Stimmen laut, die fanden, es sei doch scheiße, sich für 200 Mark sein schlechtes Gewissen wegzufressen.
Wir suchten noch einen Weg, um uns aktiv an der Aktion beteiligen zu können, als wir feststellten, dass am Tag vor der bundesweiten Benefiz-Aktion das Abschlusskonzert der Ärzte-Tournee auf Sylt stattfinden würde. Unsere Idee war zunächst, lediglich die Ärzte und die

Crew zu gewinnen, einen Tag länger auf der Insel zu bleiben und sich von uns amtlich bekochen zu lassen.
An einem Off-day in München luden wir Bela, Farin und Rod ins »Lenbach Palais« ein, wo unser Kumpel Stefan Marquard Küchenchef war. Wir berichteten ihnen von unserem Plan, und die Ärzte fanden die Idee prima. Spontan spendeten sie für eine Versteigerung zu Gunsten von »Gesicht zeigen!« ihre ledernen Toursofas, auf denen sie es sich unterwegs bequem gemacht hatten. Als dann auch noch Stefan mit ins Boot stieg, entschieden wir, die Veranstaltung öffentlich zu machen und für eine größere Personenzahl auszulegen. Kurz darauf schlossen sich uns Marco Müller und die Sterne-Köche Ralf Zacherl (»Weinbar Rutz«) und Wolfgang Müller (damals Küchenchef im »Adermann«) an. Christian Romanowski war davon natürlich sehr angetan, hatte er doch in der Zwischenzeit unter dem Druck der meisten Köche und beteiligten Sponsoren das Motto abschwächen müssen, weil die Angst, es sich mit der reaktionären Kundschaft zu verderben, wohl zu groß war. Statt »Kochen gegen Rechts« hieß die Aktion nun »Kochen für ein weltoffenes Deutschland«.
Unser Beitrag, darauf bestanden wir, sollte trotzdem »Kochen gegen Rechts« heißen, nicht zuletzt in Anspielung auf »Rock gegen Rechts«.
Außerdem fanden wir diese Aussage viel klarer, denn es ging ja um mehr, als sich nur »weltoffen« zu zeigen, sondern vor allem darum, sich gegen rechtsextreme Tendenzen und Gewalt zu stellen. So manchem renommierten Kollegen war das schon wieder zu links, einige besonders Geblendete sprachen sogar von einer »Judenveranstaltung«.
Die Organisation des Ganzen erwies sich, auch wegen der Kürze der Zeit, als äußerst strapaziös. Dabei fing alles ganz gut an. Über Susanne Römer und Matthias

Krämer vom Zelttheater »Fliegende Bauten«, das seit ein paar Jahren das »Meerkabarett« auf Sylt veranstaltet und mit der Durchführung des Ärzte-Konzerts betraut war, lernten wir Indra Wussow von der »Sylt-Quelle« in Rantum kennen. Sie stellte uns die Lager- und Abfüllhalle bereitwillig zur Verfügung, und ihre Mitarbeiter, ohne die wir ziemlich alt ausgesehen hätten, beteiligten sich an der Durchführung der Veranstaltung. Und auch das Köchetreffen in Berlin, auf dem das Menü geschrieben wurde, verlief sehr feucht, aber ebenso viel versprechend.
Immer wieder bekamen wir auf der Suche nach Unterstützern allerdings auch den Satz zu hören: »Ich persönlich finde das ja ganz toll, aber wir können unsere Firma durch solche Aktionen nicht in eine politische Ecke drängen lassen!« Andere waren sofort interessiert, sobald Namen wie Marquard, die Ärzte usw. fielen. Für ein billiges »Product placement« war ihnen selbst unser Motto recht, doch mit solchen Gutmenschen wollten wiederum wir nichts zu tun haben. Firmen wie »Red Bull« oder die »Rostocker Brauerei« überlegten dagegen nicht lange und halfen völlig unbürokratisch.
Josef Bauer, ein in der Münchner Szene bekannter Maler und Freund von Stefan, entwarf ein großes Banner mit einer geballten Faust für diese Veranstaltung, ließ es auf eine vier mal vier Meter große Zeltwand drucken und schließlich zu Gunsten von »Gesicht zeigen!« versteigern.
Von der Tischdecke über das Weinglas, den Moderator und die Künstler, die Pressemitteilung, die Reservierung, die Licht- und Tonanlage, die Kühlungen, die Bühne, eine passende Musikauswahl, die Speise- und Eintrittskarten, die Spülküche, die Warenbestellung, die Personaleinteilung bis hin zu den Pennplätzen für

30 Köche und Helfer gab es allerhand zu organisieren und zu besorgen.
Während Jörg am Vortag des Events in Westerland die Ärzte betreute, kümmerten sich Ole, Marco Müller und Mitarbeiter der »Sylt-Quelle« um den Aufbau.
Am Tag der Veranstaltung ging alles schief, was nur schief gehen konnte. Das Telefon stand nicht still, und wir erhielten permanent neue Hiobsbotschaften, dass irgendetwas Wichtiges nicht klappe, nicht pünktlich geliefert werden könne, nicht zu besorgen oder bereits vergriffen sei. Die Küchenteams von Ralf und Wolfgang, die noch bis ein Uhr nachts in Berlin gearbeitet hatten, trafen drei Stunden später als erwartet ein. Stefans Flieger konnte wegen stürmischen Wetters erst vier Stunden später starten. Der Champagner, mit dem wir die Gäste empfangen wollten, wurde 20 Minuten nach den ersten Gästen angeliefert. Stefans Spülmaschine ging nicht und musste während der Veranstaltung repariert werden. Und dann zog sich der Konzert-Abbau bis zum späten Nachmittag hin, sodass das Ton- und Lichtequipment noch installiert wurde, als die Gäste bereits Platz genommen hatten.
Zubereitet wurde alles direkt vor den Augen der Gäste, während der Schauspieler Max von Thun die einzelnen Gänge ansagte. Ein Freund von uns, der DJ Vince Chester, legte dazu Platten von Slime (»Nazis raus!«), der Sesamstraße (»In dem grün-gelben U-Boot«) und Nettmenschen-Humor von Jürgen von der Lippe auf (»Immer Lachs, immer Hummer, immer Kaviar ...«). Die Ein-Mann-Band Der Automat sang Lieder über heilpädagogisches Reiten mit Kai und Christof von Fury als Background-Chor, während der Lachs im Geschirrspüler garte, die Suppe im Reagenzglas ausgeschenkt wurde und das Soufflee in einer Espresso-Tasse. Wein gab's im Glas, Bier aus der Flasche, und manche Ge-

richte mussten selbst abgeholt werden. Die Sorge, auf Grund der kleinen Portionen nicht satt zu werden, war spätestens nach dem achten von insgesamt fünfzehn Gängen zerstreut. Allein Container-Harry bekam weiterhin jeden Gang vorsichtshalber zweimal.

NASENTAMPON MIT ARTISCHOCKE

*

SCAMPI-SHOOTER MIT GARNELE
(ODER KAROTTEN-KICK)
SUPPE IM REAGENZGLAS

*

HAVARIERTE ROTBARBE
(ODER PASTA-CRASH)
ENTENLEBER-VANILLE-BAGUETTE MIT FISCH

*

HANNIBALS LEIBGERICHT
(ODER RÜBENSOUFFLEE MIT TANDOORI-INJEKTION)
HIRN-FLUSSKREBS-SOUFFLEE AUS DER ESPRESSO-TASSE

*

OBEN OHNE
(ODER KNOLLENROLLE & KARTOFFELSTRUDEL)
JACOBSMUSCHELN MIT KAPERN, MAULTASCHEN, PARMESAN

*

AAL ORAL
(ODER AVOCADO ORAL)
SUSHI VON KALBSZUNGE, AAL UND GURKE AUF EINER BADEZIMMERKACHEL SERVIERT

*

GREEN, GREEN, YELLOW
(ODER GREEN, GREEN, CRUNCH & GEMÜSE-TEMPURA)
WASABI-KARTOFFELPÜREE, YELLOW FIN UND GRÜNE CURRYSAUCE IM WECKGLAS

*

Saubere Sache
(oder Pilz-Risotto mit Himbeeren)
Lachs aus der Spülmaschine
*
Back to the Roots
Ketchup-Spaghetti auf einer Gabel gedreht,
zum »Resetten« der Geschmackseindrücke
*
Öltonne
geräucherte Auberginen-Seezungenroulade
*
Eis am Stiel
Paprikaeis
*
Essen auf Rädern
Entengeröstel am Tisch
mit Maurerkelle aus Schubkarre auf Dachziegel serviert
*
Jägermeistermousse
im Schnapsglas
*
Rosen-Parfait mit Ginger Ale
*
Fleisch-Kaugummi
zäh-gebratene, in Streifen geschnittene, geminzte,
in Kaugummipapier verpackte Kalbsbrust

Im Gegensatz zu den 60 anderen Köchen, die gleichzeitig in 40 Restaurants bundesweit demonstrierten, wie sehr die deutsche Küche von anderen Kulturen inspiriert ist, mussten wir keine Rücksicht nehmen auf die politischen Befindlichkeiten von Stammgästen oder gar Angst vor Sanktionen haben. Bei uns schlemmten ohnehin nur die »Reichen, Schönen und Beschränkten« (»Ostpreußenblatt«).

»Kochen gegen Rechts«, das klang einfach offensiver als »Kochen für ein weltoffenes Deutschland«, und dementsprechend groß war die Medienresonanz. Die Ärzte begründeten ihre Teilnahme in einem Fernsehbeitrag für den SWR so: »Schluss mit der Anonymität in der Küche! Hier geht's darum, dass Leute, denen man normalerweise überhaupt kein politisches Bewusstsein zutraut, nämlich Köche, sich jetzt hinstellen und sagen: Wir wollen nicht für Nazis kochen!«
Die gut situierte Feinschmeckerszene spaltete sich daraufhin in Gäste, die diese Aktion begrüßten, und solche, die sich davon belästigt fühlten. »Ein primitiveres und abgedroscheneres Motto ist Ihnen wohl nicht eingefallen«, schrieb uns, natürlich anonym, ein uns unbekannter Feinschmecker. »Eine ganz linke Nummer, die Sie hier abziehen.« Schließlich würden die meisten der Köche, die sich an unserer Aktion beteiligt hatten, links reden und rechts leben.
Die Tische waren kaum abgedeckt, da hetzte die Rechtspresse schon gegen die »Hummer-Linke« und den »Amüsierpöbel«. Der Kampf gegen Rechts habe »endlich auch die Schickeria von Sylt erreicht«, polemisierte das Zentralorgan der Heimatvertriebenen, das »Ostpreußenblatt«. Und der Ex-Chef der Republikaner, Franz Schönhuber, bezeichnete unseren Firmennamen in der »Nationalzeitung« gar als »Wortungeheuer« und sorgte sich idiotischerweise, dass demnächst die Speisekarten deutscher Restaurants »auf Verdacht der Verbreitung von Nationalismus« durchforstet würden. Wenn ein Wirt, so Chefideologe Schönhuber, »Königsberger Klopse« oder »Böhmische Kuttel« anbiete, könnte ihm das künftig als Revanchismus ausgelegt werden. »Besser er demonstriert seinen demokratischen Geschmack durch ›Leipziger Allerlei‹, ›Pfälzer Saumagen‹ oder bayrische Weißwürste.«

Offensichtlich war Schönhuber um seinen Ruf besorgt und musste wieder Boden gutmachen in der rechten Szene. Schließlich galt der Arme als »kulinarischer Landesverräter«, seit er bekannt hatte, dass er die italienische und die provenzalische Küche der altdeutschen vorziehe. Und so was konnte ein strammer Rechter wie Schönhuber natürlich nicht auf sich sitzen lassen.

Der Initiator von »Kochen gegen Rechts«, Christian Romanowski, bedankte sich für unser Engagement, indem er uns zwei mit »Cuisiniers du coeur« gravierte Haiku-Messer überreichte. Und Uwe-Karsten Heye verlieh uns ein Jahr später (!) eine Urkunde mit einem Extrastern für Weltoffenheit und Toleranz. Bundesweit gesehen war diese Aktion jedoch ein riesiger Flop. In manchen Restaurants hatten die Gäste zwischen einem »Menü gegen Rechts« oder einem üblichen Tagesmenü wählen können. Obwohl der Preis derselbe war, bestellte fast niemand das Benefiz-Essen. Andere Lokale gähnten vor Leere oder waren außergewöhnlich schlecht besucht an diesem Tag. Die Schaufenster des Berliner »Langhans« wurden von Nazis mit Tomaten bombardiert. Auch war vereinbart worden, 50 Prozent des Menüpreises zu spenden, doch hielt sich bei weitem nicht jeder Teilnehmer daran. So mancher Restaurantbesitzer hat bis heute keinen Cent überwiesen.

Kitchen-Clubbing

Das »Kochen gegen Rechts« hatte uns auf die Idee des »Kitchen-Clubbing« gebracht, vor den Augen der Gäste zu kochen, quasi mitten unter ihnen, mit Musik und in Partylaune. Eigentlich genau so, wie wir es seit zehn Jahren auf Tour praktizieren. Nur eben nicht als Kantine für Bauarbeiter auf Montage, was wir ja, nüchtern betrachtet, als Caterer für Tournee-Produktionen sind, sondern als kleines Event mit Showeinlagen und Moderation.

Zufällig hatte auch Barbara Wetzer, die wir schon kannten, als sie noch Slime und die Bronx Boys managte, die Idee, ein Event »mit Essen« zu veranstalten. Sie arbeitete gerade als Bookerin für die »Große Freiheit« und das »Dock's«, zwei Live-Clubs an der Reeperbahn, die schon mal bessere Zeiten gesehen hatten. Direkt verbunden mit dem »Dock's« ist die »Prinzenbar«, die ihre etwas verruchte Atmosphäre dem herrlich kitschigen Jugendstilstuck verdankt, der sich wasserfallartig über die Wände ergießt. Wenn hier irgendwo nicht gespart wurde, dann am Stuck. In der »Prinzenbar« haben schon viele Bands, auch Rammstein, Videos gedreht. Hier vor Publikum das Essen anzurichten, konnten wir uns gut vorstellen.

Wie auf Sylt sollte auch in Hamburg die Küche zum kommunikativen Mittelpunkt des Geschehens werden. Natürlich alles ohne Dress-Code, dafür sollte das Essen nahtlos in eine Küchenparty übergehen.

Es ging also um nichts weniger als um abendfüllende Unterhaltung in einer entspannten Atmosphäre. Anfängliche Bedenken und jeglicher Ärger über unseren Co-Veranstalter, der sich um nichts kümmerte und fast alles versemmelt hätte, verrauchten jedoch, als wir dann endlich am 5. April 2002 in der »Prinzenbar« den Herd anwarfen.
Wir servierten ein 10-Gänge-Bonsai-Menü, bestehend aus unserem »Karottenkick« im Reagenzglas, roter Grütze und Katfisch, Leberwurst-Sushi, einem Tomaten-Longdrink, »Back to the roots« (diesmal Mini-Fischstäbchen mit Spinat), einem essbaren Blumenstrauß im Schnapsglas, Zungen-Couscous auf Pflasterstein, Lamm in Wantan und einer Haribo-Lasagne aus Gummibärchenschaum und Schokoladenplättchen. Und zum Abschluss, wir waren schließlich auf der Reeperbahn, gab es einen »Tittenfick«: ein äußerst frivol angerichtetes, aber sehr leckeres Dessert mit Bacardi-Kirschen, Mohn und Eis.
»Die geladenen Gäste«, so die »Zeit«, »waren begeistert«, und auch für uns war diese Pilotveranstaltung erfolgreich verlaufen. Wir ließen nichts anbrennen, alle wurden satt, und niemand störte sich daran, dass die einzelnen Gänge von DJ Vince Chester mit Liedern wie »Pflasterstein, flieg« der Punkband Normahl oder »Tit Fuck« von Shat »untermalt« wurden.
Wer weiß, vielleicht wird unser Traum, den Spieß einmal umzudrehen, also doch noch einmal wahr: nicht mit einer Band auf Tour zu gehen, sondern eine Band mit auf Tour zu nehmen.
Nicht wie üblich hinter der Bühne kochten wir auch auf dem »Grillfest« der Toten Hosen auf der Loreley im September 2002. Dort errichteten wir einen Stand im Publikumsbereich.
Die Hosen hatten im Rahmen ihrer Deutschland-Reise

bereits auf der Zugspitze gespielt, nur vor Mädchen in Rottweil, und im zweiten Anlauf sogar auf Helgoland, wo ihnen einst, zu Zeiten des wahren Heino, ein Auftritt aus Gründen der inneren Sicherheit verwehrt worden war. Bevor sie nun in die zweite Halbserie ihrer »Auswärtsspiel«-Tournee starteten, wollten sie noch einmal ordentlich auf die Kacke hauen und luden so ziemlich jeden zum Dinner ein, der ihnen irgendwie bekannt vorkam. Allein aus Berlin wurde ein ganzer »Hühnerbus« mit Freundinnen der Hosen erwartet.

Außer uns hatten die Hosen auch Stefan Marquard für einen etwas anderen Imbiss-Stand gebucht. Mit seiner gerade frisch gegründeten »Jolly Roger Cooking Gang« feierte er dort sein Debüt.

Wir stellten unser »Out-Door-Catering« unter das Motto »All Cooks Are Bastards«. Das für unseren Stand angemietete Zelt auf dem abschüssigen Gelände des Freilufttheaters aufzubauen, war eine Aktion für sich. Wir mussten Unmengen von Euro-Paletten auftreiben, um die Schräge für den Zeltboden auszugleichen. Ole hatte irgendwelche Bretter aus unserem Lager eingepackt, aus denen wir einen Tresen bauten. Unser Kumpel Trubel, der früher bei den Bronx Boys gesungen und den RGF-Teufel entworfen hat, dekorierte das Zelt mit gesprayten A. C. A. B.- und RGF-Bannern sowie roten Sternen. Außen brachten wir noch eine blinkende Lichterkette an, und auf das Dach setzten wir Ulrike, eine Schaufensterpuppe im schicken Girlie-Shirt.

Im Zelt selbst hängten wir ein paar unserer obligatorischen Körperteilattrappen und einen original-niedersächsischen Bullenhelm auf. In der einen Ecke des Zeltes legte Vince, »unser« DJ, wieder Platten auf – diesmal ausschließlich Punkrock. In der anderen richteten René und Fabian »Vegetarisches Thai-Curry«

und »Currywurst im Glas«, eine »Bananen-Tonkabohnen-Schnitte« auf Kartoffelbiskuit in Pommesschale und ein dreigängiges »Terror-Turkey«-Menü an, bestehend aus einer Suppe zum Selberschärfen (»Kick mit Scharfometer«), einer doppelt gebratenen Putenkeule mit schwarzem Kümmel, Kokosreis und »Kohlaschnikow« – Rotkohl mit Pflaumen, Ingwer und rosa Pfeffer. Dazu servierten wir in einer Flasche unseren Molotow-Cocktail »Starbuck«, einen eiskalten Vodka-Apfelsaft-Drink, als Lunte steckten wir eine Serviette in den Flaschenhals.

Weil es an diesem Wochenende so heiß war, hatten wir hinterher allerdings noch reichlich Würste übrig, sodass wir kurz entschlossen unter dem Titel »Currywurst's not dead« eine Punkparty im »Hafenklang« am Hamburger Fischmarkt veranstalteten. Unter der Schirmherrschaft von Rod Gonzalez spielten Gang Loco, Glowpunch und ehemalige Mitglieder der Bronx Boys, während wir die Würste brieten und sie mit drei genialen Saucen, wieder im Glas, ausschenkten. Später am Abend jammten noch Musiker von Sheep On A Tree, Abwärts, SS UB und den Rubbermaids, moderiert wurde die Spontan-Show von der King Mum of Rock'n'Roll, Jörgs Lebensgefährtin Elsweat, und als dann immer noch keiner nach Hause gehen wollte, legten wir Platten auf.

Wegen des drohenden Lizenzentzugs für den FC St. Pauli wurde im August 2003 eine Reihe von Rettungsaktionen veranstaltet. Für uns eine gute Gelegenheit, unserem Lieblingsverein mit Hang zum Versagen Solidarität zu beweisen. Zum »Finale«, einem Benefiz-Konzert mit knapp 20 Bands – darunter Fehlfarben, Turbonegro, aber auch haufenweise alte Bekannte wie Rubbermaids und Slime als Rubberslime, Prollhead –, erklärten wir uns bereit, zum Materialpreis zu kochen.

Wir trommelten unsere Leute zusammen, riefen Stefan an, der mit seiner »Cooking Gang« sofort dabei war, kauften pauschal ein und kochten los.
Während die Münchner Fraktion aus der Ware unter anderem »Hamburger Labskaus« kochte, machten wir daraus »Schweinsbraten«, allerdings frittiert wie Pommes, mit Schnittlauchrisotto. Es war regelrecht eine Party am Herd, mit allem, was dazugehört.
Wie Stefan immer sagt: »Cooking is like a Punkrocksong«.

VI. Shop around the clock

Im Nagelstudio ist die Hölle los

Der Runner ließ mal wieder auf sich warten. Eigentlich sollte er längst das »Pre-Shopping« vorbeigebracht haben – Eier, Milch, Brötchen und Zeitungen – und mit laufendem Motor vor der Halle stehen, damit Jörg hineinspringen, mit ihm zur nächsten Metro oder einem sonstigen Großmarkt düsen und alles Notwendige für den Tag besorgen kann. Doch es war bereits halb neun, und von ihm war noch nichts zu sehen. Also fuhr Jörg schon mal mit dem Taxi vor und musste sich von der redseligen Fahrerin über ihre Zipperlein aufklären lassen.

Normalerweise simuliert er auf der Fahrt im Runnerwagen immer einen nachdenklichen Gesichtsausdruck und versucht den Einkaufszettel auswendig zu lernen, damit er in der Metro nicht so viel hin und her irren muss und der Runner ihn unterwegs nicht mit »spannenden« Geschichten von seinen letzten Jobs zutextet. Doch daran war nicht zu denken. Die Wehwehchen der Taxifahrerin erforderten seine ungeteilte Aufmerksamkeit, und am Ende der halbstündigen Fahrt zu dem in den FDP-Farben leuchtenden Großmarkt war Jörg über das Krankheitsbild der Taxifahrerin vollständig informiert.

Im Hamburger Asia-Großmarkt hatten wir uns bereits vor Beginn der Toten-Hosen-Tour mit Koriander und grünem Meerrettich, Thai-Basilikum und Taro-Wurzeln, Chili-Saucen und Curry-Pasten, Lotusblüten und

Schlangenbohnen eingedeckt, weil man das alles unterwegs schwieriger, mit viel mehr Aufwand oder in der Provinz meist gar nicht kriegt.

Im Großmarkt besorgte Jörg alles, was täglich gebraucht wird: Tomaten, nicht die günstigen Holländer, die nach nichts schmecken, sondern die Schönen, die hoffentlich geschmacklich halten, was sie optisch versprechen. Frischen Rosmarin und Thymian für die Zucchini-Auberginen-Roulade mit Ziegenkäse. Überhaupt frische Kräuter für alles, was wir zubereiten. Und so weiter.

In der Regel versuchen wir nur mit frischen Zutaten zu kochen und verwenden kaum Fertigprodukte. Wenn es irgendwie geht, verzichten wir auf Tiefgekühltes. Bei Bohnen machen wir aber schon mal eine Ausnahme, weil wir keinen Bock haben, sie zu putzen. Oft hat Tiefkühlgemüse sogar mehr Vitamine, wenn es gleich nach dem Ernten schockgefroren wurde.

Privat kaufen wir fast nur noch beim Öko-Schlachter ein, auf Tour ist das zum Teil aus finanziellen Gründen nicht drin. Wir sind häufig schon froh, wenn wir überhaupt frisches Lammfilet oder Kalbsleber bekommen. Häufig gibt es nur tiefgefrorenes Fleisch, das wir einen Tag im Voraus besorgen müssen, weil es langsam und schonend auftauen soll, damit die Zellen nicht kaputtgehen und der Saft drinnen bleibt. (Die schlimmsten Varianten sind, es in warmem Wasser oder gar in der Mikrowelle aufzutauen, dann kann man es eigentlich gleich ganz vergessen.) Bei frischer Ware fällt natürlich auch die Qualitätsprüfung leichter.

Die Krabben, die in den Badeorten der Nordsee als fangfrisch verkauft werden, mögen ja dort gefangen worden sein, gepult wurden sie aber in Polen oder Marokko. In der Regel wird Fisch unmittelbar nach dem Fang schockgefrostet, und seit auch am Wochenende gefischt wird, kann man getrost davon ausgehen, dass er auf den Fischgroßmärkten und in der Frischfischabteilung der Metro relativ »frisch« ist. Montags muss sich jedenfalls keiner mehr vor einer Fischvergiftung fürchten, dann ist Fisch genauso bekömmlich wie am Freitag oder am Mittwoch.

Eine unserer Cateringhilfen, die unter einer Antibiotika-Allergie litt, bekam vom Garnelenpulen mal einen Ausschlag und ihr juckten über zwei Tage lang die rot bepustelten Hände. Von asiatischen Zuchtshrimps, die in ihrer eigenen Kacke schwimmen und mit Antibiotika vollgepumpt werden, damit sie nicht erkranken, lassen wir seither geschockt die Finger.

Um den Bonito, diesen blöden kleinen Thunfisch, der nicht schmeckt, total weich ist und sich anfühlt wie ein klitschiger Kuchenteig, machen wir lieber einen Bogen, ist doch der große Thunfisch mit seinem herrlich rot leuchtenden Fleisch viel saftiger und leckerer.

Obwohl Jörg Pâtissier ist, bringt er Apfelstreusel, Pflaumenkuchen, Zitronen-Joghurt-, Schwarzwälder Kirsch- oder Käsesahnetorte aus der Metro mit – je nach Wetter- und Gefühlslage. Das mag unlogisch erscheinen, aber wenn er nach dem Einkauf mit dem Backen beginnen würde, käme der Kuchen erst um 17 Uhr aus dem Ofen und müsste dann noch mindestens eine Stunde erkalten, bevor er mit geschlagener Sahne oder diversen Cremes verfeinert werden kann. Die müssten wiederum ein wenig anziehen, und ruckzuck ist es 20 Uhr. Essenszeit vorbei, Abbau, Showtime. Wer soll dann noch Torte essen?

Ansonsten versucht Jörg, »vernünftig« einzukaufen. Also möglichst keine Convenience-Produkte, keine Retortengurken aus Holland, keine KZ-Eier und auch keine Kräuter aus der Dose.

Butter und Milch könnte man in einem Supermarkt

kaufen, der von denselben Meiereien beliefert wird und sich preislich, bei unseren Mengen, nicht vom Großmarkt unterscheidet.
Unraffiniertes Meersalz bekommt man allerdings nur in der Biobude oder im Reformhaus, ebenso wie diverse vegane Aufstriche, Reismilch oder sonstige kulinarische Gesundheitsaccessoires wie den Sanddorn-Orangensaft für Breiti von den Toten Hosen.
Essenzielle Dinge sollten nach dem Einkauf sofort separat gebunkert werden, damit zum Beispiel Kuddel (auch Hosen) seinen frisch gepressten Ingwer-Gemüse-Saft pünktlich in die Garderobe bekommt und nicht ein unerwartetes Delay durch Nachkauf eintritt, weil die anderen ihn womöglich aus Versehen anderweitig verarbeitet haben.
Wenn Jörg vom Einkaufen zurückkommt, wird er üblicherweise gefragt, warum er so lange gebraucht und ob er beim Shopping einen passenden Fummel für die Aftershow-Party gefunden habe. Für gewöhnlich antwortet er dann: »Im Nagelstudio war einfach die Hölle los. Wo habt ihr meinen Prosecco?« Manchmal muss er dann nochmal los oder etwas telefonisch ordern. Wie beim »Auswärtsspiel« der Hosen in Braunschweig, als wir über ein befreundetes Restaurant Entenkeulen bestellt hatten und mit Schrecken feststellen mussten, dass es viel zu wenige waren, und das am zweiten Weihnachtstag. Zum Glück kannte unser lieber Kollege Kai-Uwe aus Hannover aber jemanden, der noch Keulen und Brüste auf Lager hatte. Also wurde der Runner in ein Hannoversches Altersheim geschickt, um die Ware abzuholen, und der hilfsbereite Koch kam auf die Gästeliste, sodass wir uns am Abend noch persönlich für die schnelle Hilfe bedanken konnten.

Punk lebt!

Die Öffnung der Mauer sorgte nicht nur dafür, dass der Ostbürger jetzt frei rumlaufen darf, sondern auch, dass der Westberliner Zugang zu heimischem Obst und Gemüse aus dem Havelland hat. Oles Mutter kocht Jahr für Jahr zentnerweise Erdbeeren, Pflaumen, Quitten zu bester Marmelade, zum Chutney oder Gelee ein. Nicht gewerblich, sondern aus Leidenschaft. Sie kocht die Marmelade mit ganzen Früchten und Gelierzucker mit doppelter Gelierkraft. So schmeckt der Fruchtaufstrich nicht unerträglich süß wie Standard-Marmeladen. Ein Bruchteil davon geht an die RGF. Den Rest teilt sie sich mit Rod. Daher wissen wir bei Rod als Einzigem der drei Ärzte genau, wovon er sich ernährt, wenn er nicht mit uns auf Tour ist. Anders ist es nicht zu erklären, dass er uns jedes Mal, wenn wir ihn treffen, panisch berichtet, seine Marmelade sei fast alle!!

Ein weiterer nicht ganz alltäglicher Lieblingslieferant ist Ralf Bos, ein Spezialitätenhändler aus dem Düsseldorfer Umland. Er hat aus seiner Liebe zu guten Nahrungsmitteln und gutem Essen einen Beruf gemacht. Bos, selbst ein gelernter Koch, der stundenlang über sein Lieblingsthema Salz dozieren und haarsträubende Geschichten über Trüffel erzählen kann, ist dabei eher ein Warenforscher als ein Importeur, und er widmet sich mit aller Leidenschaft den besten und ausgefallensten, den neuesten und teuersten und edelsten

Lebensmitteln, die in der Spitzengastronomie verwendet werden.

Wir bereiteten gerade ein Menü für eine Geburtstagsfeier in einem Düsseldorfer Laden vor, als er, der unmittelbar von einer Kaviarverköstigung kam, uns dort besuchte, einen Perlmuttlöffel zückte, uns aufforderte, ihm die Handrücken hinzuhalten, und darauf eine Dose der besten russischen Eier verteilte. Guter Kaviar schmeckt weder nach Fisch noch hinterlässt er auf dem Handrücken den üblichen Fischgeruch.

Ralf hatten wir auf Sylt kennen gelernt, als wir ihn und seine drei erfrischend frechen Kinder auf die Gästeliste für ein Hosen-Konzert setzen ließen. Und nun stand er hier in unserer Küche und kredenzte uns neben Kaviar noch Kräutersaitlinge (ein Speisepilz) und seine neueste Errungenschaft – frische Algen. Die gab es hierzulande bislang nur getrocknet.

Am Tag darauf zeigte er uns die Lager seiner Firma »bosfood«, die mit hochwertigen Delikatessen handelt und einen ausgezeichneten Ruf in der Gastronomiebranche besitzt. Er führte uns durch die verschiedenen temperierten Kühl- oder besser Klimaräume, in denen Tonkabohnen oder die sehr leckere Valrhona-Trinkschokolade lagern und luftgetrockneter Schinken neben gepfefferter Salami reift. Die Austern, die er zum Champagner reichte, waren ziemlich schwer zu öffnen, hatten relativ festes Fleisch und ihr Muskel schmeckte erstaunlicherweise leicht süßlich und nur mild salzig. Es war das erste Mal, dass wir Austern wirklich richtig mochten. Es waren ja auch die besten, die zu bekommen sind: Special Gillardeau.

Auf unserer letzten Tour lieferte er uns Riesenbovisten. Das sind kugelrunde, handballgroße Pilze, aus denen wir, in Scheiben geschnitten, Schnitzel brieten, die nicht nur die Vegetarier beeindruckten.

Solche unkomplizierten Leute, die nicht nur mit ganzem Herzen bei der Sache, sondern auch allem und jedem gegenüber aufgeschlossen und tolerant sind, wie Ralf Bos, begegnet man leider viel zu selten, erst recht in der (gehobenen) Gastronomie.

Krank auf Tour

Wenn einer von uns unterwegs krank wird, merken wir erst, wie sehr er uns fehlt und wie sehr wir aufeinander eingespielt sind. Natürlich schafft Jörg es, Strom zu verlegen und die Küche anzuschließen, aber er braucht dafür doppelt so lange wie Ole. Und das gilt andersrum auch für den Einkauf in der Metro. Jörg sucht dort, im Gegensatz zu Ole, nicht lange, weil er längst genau weiß, ob und wo die Metro auch selten gekaufte Artikel versteckt hat.

In der Essener Grugahalle prallte Jörg mal so unglücklich gegen einen Feuerlöscher, dass er mit einem Loch im Kopf ins Krankenhaus musste. Gewöhnlich sind es aber »nur« Erkältungen, mit denen wir zu kämpfen haben. Dann ist Ole genervt, weil er nichts schmeckt, und Jörg schlecht drauf, weil ständiges Husten ihm die Stimmung vermiest.

Auf der Project-Pitchfork-Tour hatte Ole sich fast eine Lungenentzündung zugezogen. Er war so krank, dass er sich am Herd festhalten musste, um nicht umzukippen, und wurde von Jörg schließlich ins Bett geschickt. Während der Tross weiterzog, lag Ole zwei Tage in einem Hotel in Karl-Marx-Stadt flach – bis alle wieder für ein Zusatzkonzert zurückkehrten und ihn einsammelten.

Um uns gegen Erkältungen zu wappnen, haben wir schon so einiges ausprobiert. Als Olli, der Schlagzeuger von Depp Jones, der von Beruf Heilpraktiker ist,

den Ärzten hoch dosiertes Vitamin C intravenös verabreichte, hingen wir mit am Tropf und bildeten uns ein, nun nie mehr krank zu werden. Aspirin haben wir schon seit längerem nicht mehr am Start, und Kieselerde zu trinken und Dämpfe einzuatmen, wie das der hypochondrische Keyboarder von Phillip Boa immer tat, bringt auch nur dem was, der dran glaubt.
Erkältungen kommen und gehen eben wieder, Allheilmittel dagegen gibt es nicht – vielleicht alte Hausrezepte: So haben wir ständig eine Ingwerknolle neben der Saftpresse liegen, die man sich in den O-Saft reiben kann, und Pfefferminztee oder heiße Zitrone zum Vorbeugen, worauf verstärkt zurückgegriffen wird, wenn mal wieder eine Grippewelle heranrollt.
Ein wichtiges Mittel für hektische, von der Homöopathie begeisterte Köche wie Ole ist Hypericum – Johanneskraut. Wenn er mal wieder schneller schneidet, als er denkt, säbelt er sich schon mal, wie auf der Him-Tour, eine Fingerkuppe ab. Als angestellter Koch in einem Restaurant würde man nun krankgeschrieben werden, auf Tour ist das nicht möglich. Also tröpfelte Ole sich die Tinktur auf den Fleischlappen und konnte beinahe zusehen, wie die Wunde verheilte. Obwohl seine Finger täglich mit Feuchtigkeit in Berührung kamen, bildete sich unter dem Pflaster schnell eine neue Haut, sodass die Schnittwunde nach nur anderthalb Wochen verheilt war.
Mit dem homöopathischen Prinzip, Ähnliches mit Ähnlichem zu behandeln, haben wir jedenfalls nur gute Erfahrungen gemacht. Als sich Gero Drnek, der Keyboarder von Fury In The Slaughterhouse, mal die Hand verbrannte, wollte er sie schnell unter kaltes Wasser halten. Der Trick besteht jedoch darin, bei kleineren Verbrennungen die Hand so lange über die heiße Herdplatte zu halten, bis es richtig weh tut. Anschlie-

ßend spürt man keine Schmerzen mehr. Der Effekt ist derselbe, wie wenn man nach einer Schneeballschlacht die kalten Hände unter kaltes Wasser hält. Dann kehrt die Wärme langsam in die Glieder zurück, während die Finger unter heißem Wasser zu schmerzen beginnen. Aus diesem Grund reiben sich die Eskimos bei Erfrierungen mit Schnee ein.
Nicht unterschätzen sollte man, dass die meisten (homöopathischen) Arzneien auf das Gemüt einwirken, wie es Kamille tut. So trank Farin Urlaub anfangs auf Tour jeden Tag diesen Tee in rauen Mengen, bis ihn jemand darüber aufklärte, dass man bei ständigem Gebrauch davon zickig werden kann. Farin reduzierte daraufhin drastisch seinen Kamillekonsum und kam uns mit der Zeit viel umgänglicher vor.
Dass gelber Jasmin (Gelsemium) bei Prüfungsangst und Lampenfieber beruhigend wirkt, kann Markus Reinhardt von Wolfsheim bestätigen. Als auf ihrer »Spectators«-Tour 1999 das Berliner Konzert wegen der immensen Nachfrage von der »Columbiahalle« in die viel größere »Arena« verlegt werden musste, war er es noch nicht gewohnt, vor so vielen Leuten aufzutreten, und entsprechend aufgeregt. Wir empfahlen ihm deshalb, zwei Kügelchen Gelsemium aus unserer homöopathischen Reiseapotheke einzunehmen. Das Mittel schlug bei ihm so gut an, dass er vor dem Auftritt vor lauter Entspannung fast eingeschlafen wäre. Das Lampenfieber war verflogen, und Markus konnte auf der Bühne, wie gewohnt, souverän agieren.
Bei kleinen Schnittwunden streute ein alter Kollege gemahlenen Pfeffer in die Wunde, der das Blut verklumpen lässt. Das tut nicht weh, stoppt aber zuverlässig die Blutung und man spart das nervende Pflaster. Medizinisch gesehen ist dies allerdings kein guter Rat, blutet die Schnittwunde unter anderem deshalb,

um eingedrungene Keime wieder auszuschwemmen. Außerdem läuft man Gefahr, die Wunde mit dem Pfeffer noch mehr zu verunreinigen.
Manchmal hilft kein vermeintlicher Pfeffer mehr, sondern es muss genäht werden. So bei Oles »Gurkenverletzung«. Dieses tragische Unglück ereignete sich während der Dreharbeiten zu dem Tour-Video »Im Schatten der Ärzte«. Oles Aufgabe bestand darin, in rasender Geschwindigkeit eine Salatgurke, die er sich zuvor in den Hosenschlitz gesteckt hatte, mit zwei scharfen Messern klein zu säbeln. Da diese Szene schon im ersten Anlauf erfolgreich abgedreht worden war, sah sich Ole schon als zukünftigen Filmstar und wollte noch einen draufsetzen. Also sammelte er die zerstückelte Gurke ein und warf sie in den Mülleimer. In der Hoffnung, der Kamera eine weitere absurde Szene bieten zu können, rührte er mit seinem Arm den Mülleimer um, in den jemand dummerweise kurz zuvor Glasscherben geworfen hatte. Als er die Hand wieder rauszog, blutete sie stark. Diese Splatter-Szene wurde aber, aus uns unerfindlichen Gründen, aus dem Video rausgeschnitten.
Im Krankenhaus, an das sich Ole mit seiner in völlig durchgebluteten Taschentüchern verpackten Hand wendete, fragte die mürrische Schwester nach seinem Leiden. Während das Blut auf den Fußboden tropfte, antwortete er: »Ich habe Kopfweh.« Gegen Tourende war die Wunde quasi verheilt, sodass er seinen »Kopfschmerzen« die Fäden ziehen konnte.
Das Schlimmste, was einem Konditor passieren kann, ist, dass er, wie Jörg, unter einer Mehlallergie leidet. Erst quält man sich jahrelang ab, um mühsam zu lernen, wie man Hochzeitstorten bastelt, süße Brötchen mit Rosinen drin, Kopenhagener oder Blätterteig, der supertoll blättert, und, nicht zu vergessen, die Eulen

und Meerkatzen backt. Schließlich hat Jörg ja in Mölln gelernt, wo man noch heute mit den Geschichten von Till Eulenspiegel hausieren geht. Und dann hat man plötzlich »Berufsverbot«. Bei jedem Blätter- oder Strudelteig mit dem Niesreiz kämpfen zu müssen, ist jedoch keine schöne Sache. Zumindest sollte Jörg keine 50-Kilo-Säcke mehr in die Tonne stülpen oder sich auch nur irgendwie in der Nähe aufhalten, weil der Mehlstaub noch mindestens eine Stunde lang in der Luft hängt und sich auf seinen empfindlichen Schleimhäuten absetzt. So schützt ihn seine Allergie wenigstens unwillkürlich vor einer Staublunge, wie sie bei Bäckern nicht unüblich ist.

Allerdings wäre er heute auch nicht glücklicher, wenn er seit zwanzig Jahren täglich kleine Brötchen gebacken oder Schwarzwälder Kirschtorte nach einem 45 Jahre alten Rezept hergestellt hätte. Die Aussicht, auch mit 60 noch exakt das zu tun, was er schon mit 20 gemacht hat, ist für ihn der reinste Horror.

VII. Zwei knallharte Typen

Der Feierabendreaktionär Ole über Jörg

Meine Familie hat etwas seltsame Ernährungsgewohnheiten. Die weigert sich schlicht, gleichzeitig das gleiche Essen zu mögen und dann noch zur selben Zeit Hunger zu haben. Da ist selbst unsere Kundschaft pflegeleichter.
Wenn ich zum hundertsten Mal gefragt werde, ob ich zu Hause eigentlich auch koche, antworte ich irgendwann ziemlich genervt: »Nee, da essen wir immer alles roh!« Jörg zeigt manchmal wenig Verständnis, wenn ich jemanden so anfahre. »Die hat doch ganz freundlich gefragt, da muss man doch nicht gleich pampig werden …« Dabei ist er es, der eigentlich *nur* so mit Leuten umgeht, dass er mir gelegentlich schon fast peinlich wird. Er meint das natürlich alles witzig, die alte Giftspritze. Manche, die uns noch nicht gut kennen, kann das jedoch ganz schön vor 'n Kopf schlagen, sogar eigene Küchenmitarbeiter.
Bronco, der zu Anfang nur auf Festivals für uns gekocht hat, vertrat mich auf irgendeiner Tour für zwei Tage und musste allein mit Jörg klarkommen. Mit dem Busfahrer, den wir schon seit Jahren kannten, ließ sich Jörg zum Feierabend über »das ganze arbeitsscheue Gesindel« aus, das dem Staat und ihnen als Steuerzahlern »faul auf der Tasche liege«. »Gegen diese Schmarotzer« müsse man »viel härtere Geschütze« auffahren. Aufgebracht versuchte Bronco, wie es Sozialarbeiter so an sich haben, mit Jörg zu diskutieren, der das Spiel

aber weitertrieb, bis Bronco mit den Worten »Ihr reaktionären Wichser!« völlig angepisst in seiner Koje verschwand. Mittlerweile ist er lockerer geworden und hat das Zuckerbäckerlein durchschaut. Wenn kein Fremder guckt, klebt er sich inzwischen schon mal ein Stück schwarzes Gaffa unter die Nase und gestikuliert mit seinem rechten Arm und rollendem »R«, wie hoch »HEIL-Krrräutrrr« wachsen.

Was Jörgs Musikgeschmack angeht, ist er allerdings ein kleiner »Faschist«. Tolerant gegenüber anderen Musikrichtungen ist er kein Stück. Für ihn gibt es nur Altherrenpunk von 999, Rocket from the Crypt und natürlich Ramones oder diesen Jazzscheiß vom Stray-Cats-Sänger.

Während Jörg zur Arbeit nur die hässlichen T-Shirts von Bands trägt, zum Beispiel dieses alte knallbunte Ärzte-Merchandise, werden seine Lieblingsshirts gehegt und gepflegt und nur an Off-days oder zu gesellschaftlichen Anlässen wie einem Supersuckers-Konzert getragen. Wahrscheinlich bügelt er sie auch. Ich hingegen komme mir schon komisch vor, wenn ich ein T-Shirt anhabe, dessen Aufdruck noch frisch strahlt und nicht schon vom vielen Tragen und Waschen abgerippelt ist. An Off-days rennt Jörg zu »Douglas« und holt sich sein Designer-Duschgel und was er sonst noch so braucht für die Körperpflege. Mir reicht da ein schlichtes aus dem Supermarkt und ich liege lieber in meinem Hotelzimmer, sehe Barbara Salesch oder höre mir »Drei???«-Hörspiele von Justus, Peter und Bob an. Er ist auf jeden Fall der etwas Erwachsenere von uns beiden. Und das ist auch gut so. Schließlich muss mich ja jemand wieder auf den Teppich holen, wenn ich mal wieder grenzwertige Einfälle realisieren möchte.

Dennoch war Jörg es, der den Ärzten zu Ostern einen Grießpudding mit Schokoladenbuchstaben und den

Worten »Verfickte Ostern, ihr Schwanzlutscher« garnierte. Meine Idee, unsere Dödels auf den Rand der Silberplatte, auf der der Pudding angerichtet wurde, zu legen und ein Foto zu machen, um es am folgenden Tag im Cateringraum aufzuhängen, lehnte er mit den Worten ab: »Viel zu klein. Die erkennt man doch gar nicht ohne Lupe …«

Auf einer Fury-Tour stand er nachts, kurz vor der Abfahrt, mit Badelatschen, einem Glas Vodka-Apfelsaft in der Hand und einem Handtuch um den Hals vor unserem Tourbus, als der Fahrer wenden wollte. Jörg wich aber keinen Zentimeter zurück, murmelte was von »Parkplatzbesetzung« und »die Busfahrer in diesem Land nehmen allmählich überhand …« und schmierte ihm mit der Remoulade, die er stets für sein Abendbrotsandwich in der Hosentasche trägt, ein großes »Anarcho-A« auf die Windschutzscheibe.

Der Busfahrer wusste, »Wenn ich mich jetzt aufrege, macht der mich vor allen anderen fertig«, und schaltete, um »sauber« aus der Nummer rauszukommen, den Scheibenwischer an. Die Fettschlieren waren, trotz aufwändiger Reinigung, noch eine Woche lang zu sehen.

Ernsthaften Streit hatten Jörg und ich nur einmal so richtig, und das auch nur ganz kurz, als wir mit den Inchies in Cottbus waren und wir uns am Ende eines hürdenreichen Arbeitstages wegen einer Lappalie in die Haare gerieten. Im Eifer des Gefechts drohte ich ihm, die Brille von seiner Visage zu fegen, worauf er sie abnahm und nur erwiderte: »Das glaube ich nicht.«

Krach & Klassik – Jörg über Ole

Ole empfindet mich bestimmt oft als spießig. Jeder sieht den anderen eben gerne so, wie er selbst nicht gesehen werden möchte. Nur weil *ich* mir die Schuhe putze und keine Hosen mit 20 Reißverschlüssen kaufe und einen auf 15 mache, zumindest nicht mehr, seit ich die 30 weit überschritten habe, bin ich ein konservativer Kleinbürger. Aber warum nicht?

Ole ist oft schrecklich euphorisch und emotional. Das kann ich so schnell oft gar nicht nachvollziehen. Da bin ich einfach anders. Als ich z. B. damals den Führerschein gemacht habe, freuten sich alle, die ebenfalls die Prüfung bestanden hatten, einen Ast ab, fielen sich in die Arme und fuhren mit stolzgeschwellter Brust (und ohne auf das Ereignis anstoßen zu können) in Papis Audi nach Hause. Ich habe mich auch gefreut, ihren Sekt ausgetrunken und bin zu Fuß nach Hause gegangen.

Ole ergreift immer schnell die Initiative und bringt Sachen ins Rollen. Wo ich meine Zeit brauche, um über etwas nachzudenken, ist er gleich Feuer und Flamme und direkt »am Machen«.

Beim Kochen hört Ole Sachen, die mir viel zu anstrengend sind. Sonntags die obligatorische Klassik-CD, dann wieder Krach und danach stundenlang Funny van Dannen, der ist zwar gut, aber stundenlang? Ich stehe dagegen auf Descendents, Supersuckers oder Rancid, kann mir auch ein wenig Brian Setzer antun.

Das war's. Nie Klassik, Pop, HipHop, Techno oder irgendetwas von diesen ganzen anderen neuen, modernen Sachen.
Ole ist ja kein richtiger Musikfan. Er kauft sich nur selten CDs und geht kaum noch auf Konzerte. Er identifiziert sich zu 120 Prozent mit der RGF und interessiert sich für nichts anderes mehr. Während ich mich freue, auch mal Feierabend zu haben, würde Ole unser Lager am liebsten in seinem Schlafzimmer unterbringen, damit er es nicht so weit hat.
Natürlich sind wir oft an dem Punkt, an dem wir wissen, was den anderen jetzt besonders ärgern würde. Das haben wir früher oft ausgekostet und noch extra Salz in die Wunden gestreut. Heute geht der jeweils andere in solchen Situationen eher deeskalierend vor, um Ärger und schlechte Laune zu vermeiden.
Ich finde das Bekleckern von Tellerrändern, von Ole hochtrabend »dekorieren« genannt, blöd und überflüssig. Hat ja auch nichts mit dem Essen auf dem Teller an sich zu tun. Ole hat daran jedoch einen Narren gefressen, weil er wohl als Kind nie mit Essen rumschmieren durfte, jetzt aber dafür bezahlt wird. Für Ole ist der Anrichteteller ein interaktives Gemälde, für das er nicht mehr als fünf oder sieben Handgriffe benötigt. Beim Anrichten kann er seiner Kreativität freien Lauf lassen, und manchmal richtet er einen Showteller dreimal an, bis er ihm gefällt. Statt stur das Fleisch unten, die Sättigungsbeilage rechts und das Gemüse links zu drapieren, verkantet er schon mal zwei Schnitzel ineinander, sodass sie aufrecht auf dem Teller stehen. Dabei dreht er oft komplett durch, freut sich wie ein irres Kind und ist enttäuscht, wenn er nicht auch noch auf einem von mir angerichteten Teller irgendeinen Sirup, einen frittierten Grashalm oder ein gebatiktes Basilikumblatt unterbringen darf.

Das Schöne an unserer kleinen Firma ist, dass sich jeder seine kleinen Macken leisten kann, nicht jeder Pfennig aufgewogen wird und wir es mit Jobs zu tun haben, die uns immer noch richtig Spaß machen.

Sehnsucht

Der Nightliner erreicht erst am frühen Nachmittag die Hansestadt und kippt uns am Hauptbahnhof raus. Die Tournee hat uns total geschlaucht und wir sind todmüde. Am liebsten würden wir uns jetzt auf die Couch legen, fernsehen und vom Tournee-Stress erholen. Doch zu Hause warten unsere Familien auf uns, und ein Kind akzeptiert keine Ruhepausen. Aber es macht ja auch Spaß, nach so langer Zeit mal wieder mit der Lütten Ball zu spielen oder ihr ein Buch fünfmal hintereinander vorzulesen, auch wenn wir auf dem Zahnfleisch kriechen.

Unsere Frauen sind besonders froh, wenn wir wieder zu Hause sind. Nicht, weil sie uns so sehr vermisst haben, sondern weil sie dann nicht mehr alleine die Kinder hüten müssen oder endlich mal wieder abends mit ihren Freundinnen ausgehen können.

Manchmal kommt es uns so vor, als würden wir ein Doppelleben führen. Zurück von einer Tournee, müssen wir nahtlos die Rolle wechseln und blitzschnell wieder in den Alltag einsteigen. Sobald wir zu Hause sind, muss der Schalter umgeklappt und von Lärm, Stress und Schlafentzug auf Familie, Schreibtisch und Abwasch umgeschaltet werden. Obwohl – so groß ist der Unterschied eigentlich auch wieder nicht.

Die Gefahr, nach einer Tour in ein Loch zu fallen, weil man nichts mit seiner Zeit anzufangen weiß oder einem die Kicks fehlen, besteht jedenfalls nicht. Wir

müssen unsere Küche wieder ausladen und bei Gelegenheit das Equipment reinigen, die Abrechnung und die Steuererklärung machen, Anfragen bearbeiten und uns neue Aktionen ausdenken.
So viel man auf Tour auch flucht, weil etwas nicht klappt, man übermüdet ist oder nicht mehr kann und sich allzu oft leidend durch den Tag schleppt, ist für uns ein Leben ohne Tournee nicht denkbar. Und obwohl man froh ist, die Kapalken, die einem täglich das Buffet leer fressen, dass man kaum hinterherkommt, endlich nicht mehr auf der Pelle zu haben, freut man sich schon bald auf die nächste Tour und die Leute. Touren macht süchtig.

VIII. Kochen gegen Rockstars – Rezepte

VII. Kochen gegen Rockstars – Rezepte

Arme Ritter

3 trockene Brötchen
50 g Rosinen
50 g gestiftete Mandeln
1 Butterflocke (= 1 Esslöffel)
0,1 l Apfelsaft
250 g Apfelmus
1 Prise Zimt
1 Prise Salz
1/2 Vanilleschote oder Vanillezucker
4 Eigelbe
1 ganzes Ei
70 g Zucker
1/2 l Milch
500 g Fertigvanillesauce
ein Schuss Cointreau, Grand Manier o. Ä., wenn man mag

Die Brötchen in kleine Würfel schneiden und in eine angemessen große Auflaufform kippen.
Die Mandelstifte vorsichtig in der Pfanne mit der Butterflocke goldgelb rösten und sie dann mit den Rosinen unter die Brotwürfel mengen, Apfelmus und -saft drüberschütten, gegebenenfalls auch den Likör, und die Form irgendwo abstellen, wo sie nicht im Weg steht.
Die Milch und den Zucker in einem Topf erwärmen, aber nicht umrühren, da sich der Zucker unten absetzt und so eine Schutzschicht gegen das Ansetzen bildet.
In der Zwischenzeit die Eigelbe und das Ei in einen Topf kloppen, Vanille, Zimt und Salz dazugeben und die warme Milch zügig mit dem Schneebesen einrühren. (Das Ei in der Milch lässt die Masse im Ofen stocken, also fest werden. So entstand auch einst in England die Urform des Puddings, der klassisch im Wasserbad gegart wird.)
Alles über die »alte Brotmasse« gießen, dann die Auflaufform 30 Minuten lang in den auf 180 Grad vorgeheizten Ofen stellen und anschließend mit Vanillesauce servieren.

Statt Apfelmus können auch Schattenmorellen, Pfirsiche, Pflaumen, Marillen etc. verwendet werden, statt Brötchen alter Kuchen, Brot oder Toast.

Jägermeistermousse
(ca. 1 bis 8 Portionen, je nach Gier)
Variante 1: gut – schnell – lecker

300 g Fertigvanillesauce aus dem Kühlregal
150–200 ml Jägermeister
8 Blatt Gelatine
500 g geschlagene Sahne

Vanillesauce, Jägermeister zusammenkippen.
Gelatine in kaltem Wasser einweichen (ca. 5 Minuten).
Sahne schlagen.
Eingeweichte Gelatine vorsichtig im Topf erwärmen und auflösen (nicht aufkochen).
Ein wenig geschlagene Sahne in die Gelatine rühren, die Jägermeistersauce dazugeben und zum Schluss die restliche Sahne unterheben.
In Gläser füllen und ab in den Kühlschrank damit.
Funktioniert auch hervorragend mit Baileys, Amaretto oder Kahlua.

Variante 2: kompliziert – zeitaufwändig – wohlschmeckend

1 ganzes Ei
2 Eigelbe
40 g Zucker
200 g weiße Kuvertüre
150 – 200 ml Jägermeister
8 Blatt Gelatine
600 g geschlagene Sahne

Kuvertüre vorsichtig im Wasserbad auflösen.
Gelatine in kaltem Wasser einweichen.
Das Ei und die Eigelbe mit dem Zucker im Wasserbad zuerst warm, dann aus dem Wasserbad raus und kalt schlagen.
Sahne schlagen.

Eingeweichte Gelatine vorsichtig im Topf erwärmen und auflösen (nicht aufkochen).
Jägermeister zur Gelatine geben.
Ein wenig geschlagene Sahne in die Gelatine-Jägermeistermischung rühren, zügig die Kuvertüre unterheben, die Eier-Zucker-Masse dazu und danach vorsichtig die restliche Sahne unterheben.
In Gläser füllen und ab in den Kühlschrank damit.
Funktioniert auch hier hervorragend mit Baileys, Amaretto oder Kahlua.
Das Erhitzen im Wasserbad verhindert, dass etwas anbrennt oder nur langsam heiß wird. Man stellt dazu einen Topf mit Wasser auf den Herd, in dem man dann die Schüssel mit der jeweiligen Masse erwärmt.

Tonno Tonnato
Thunfischsteak mit Thunfischsauce und Kapern, Olivenrisotto und Römersalat
(Für 2 Personen)

Der Fisch

Öl zum Braten
2 frische daumendicke Thunfischsteaks (à ca. 140–160 g)
ein guter Schluck Kernöl
ein paar Kapern
1–2 Esslöffel Butter

Kapern und Kürbiskernöl mit einem Mixer zu einer Marinade verarbeiten und die Thunfischsteaks darin einlegen – gut, aber nicht zwingend, wenn der Fisch einige Stunden mariniert. Etwa eine Stunde vor dem Braten sollte der Thunfisch auf jeden Fall aus der Kühlung genommen werden.
Die Steaks vorsichtig mit Salz und Pfeffer würzen und in die heiße Pfanne (kurz bevor das Öl qualmt) legen und mittel-langsam bis 8 zählen, dann wenden. Die Butter in der Pfanne aufschäumen lassen und damit den Fisch mit einem Esslöffel in der schräg gehaltenen Pfanne übergießen. Direkt danach den Fisch aus der Pfanne nehmen, damit er nicht nachzieht. Das Fleisch muss innen noch roh sein – das kommt am leckersten und wertvollsten! Ist der Fisch durch, kann man ihn zwar noch essen, aber er wird dann ziemlich trocken sein. (Wer ihn auf keinen Fall innen roh mag, sollte entweder etwas anderes kochen oder auf Dosenthunfisch zurückgreifen. Der ist viel billiger und schmeckt besser als »doppelt getöteter« frischer Thunfisch.) Da das Braten verdammt schnell geht, sollte erst kurz vor dem Anrichten damit angefangen werden.

Die Sauce

1 Dose Flipper (im eigenen Saft, nicht in Öl)
ein Schluck Brühe (Huhn, Gemüse, Kalb, Rind – egal, Hauptsache lecker)
ein Schluck Sahne, ggf. etwas Crème fraîche, Schmand oder saure Sahne
ggf. noch etwas Brühe
Kapern
Zitrone, Pfeffer, Salz

In einer Küchenmaschine wird der Dosenthunfisch mit einem Schluck Brühe und einem guten Spritzer Kapernfond zu Schlempe gemixt, die vorerst eine Konsistenz wie Wandfarbe hat. Kurz vor dem Anrichten wird sie erwärmt und kann nun ihre Konsistenz ändern. Mittels Schneebesen oder Pürierstab, Fond, Sahne oder Schmand wird sie zur fertigen Sauce gerührt. Abschmecken.
Wenn man es eilig oder keine Küchenmaschine zur Verfügung hat, kann man auch die Tuben-Variante anwenden. Hierzu wird ordentlich Thunfischcreme von ABBA oder Stürk so lange in eine helle Grundsauce gemixt, bis sie schmeckt.

Das Risotto

200 g Risottoreis
ein gehäufter Esslöffel feinste Zwiebel- oder Schalottenwürfelchen
Olivenöl, kalt gepresst (Wir nehmen zum Braten immer das von Aldi oder Lidl, das ein sehr gutes Preis-Leistungs-Verhältnis hat und wirklich kalt gepresst ist, was, auch wenn es draufsteht, bei vielen Olivenölen nicht der Fall ist! Alles Verbrecher!)
eine Knoblauchzehe, mit Schale und angedrückt

eine Flocke Butter
ein Zweig frischer Rosmarin
ein halbes Glas trockener Weißwein, falls zur Hand
warme Brühe (hell und lecker), viele Schlucke (ein halber Liter vielleicht)
deine Lieblingsoliven, entsteint und klein geschnitten (Wenn du keine Favoriten hast, geh zum nächsten Türken oder Südländer und lass dir von jeder Sorte eine zum Probieren geben. Ole nimmt sehr gerne getrocknete schwarze. Die sind manchen zu intensiv und salzig, d. h. Obacht geben beim Würzen!)
ein Stück frischer Parmesan und eine Vierkantreibe (oder Raspel)
1–2 Esslöffel vom besten Olivenöl, das in der Küche zu finden ist
1–2 Esslöffel geschlagene Sahne
Salz, Pfeffer, Zucker, Zitrone oder Limone zum Abschmecken

Risotto ist ein Gericht, das so ziemlich alle Köche, die wir kennen, mit Vorliebe kochen. Vielleicht liegt es daran, dass es das Gegenteil vom alten »Onkel Benz«-Reis ist, der so locker und leicht ist, dass er einem permanent von der Gabel fällt, weil er kein Stück klebt, dafür nach nix schmeckt. Vielleicht aber auch, weil man auf Grund seines recht hohen Fettgehalts jede Menge Geschmack transportieren kann. Fett ist ja schließlich Geschmacksträger Nummer eins!
Körnig muss er sein und schlotzig, was so viel heißt wie »vom Löffel fließend«. Die Italiener kennen zu Risotto keine Beilagen. Das liegt wohl zum einen an dem hohen Sättigungsgrad, den die Kombination der Zutatenliste bietet, zum anderen aber gewiss daran, dass die das Zeug auch so geil finden, dass sie dazu gar nichts anderes wollen. Wir können den Hals aber nicht voll kriegen und machen den Risotto zur Beilage.
Die Herstellung geschieht deshalb in zwei Phasen. Phase 1 kann bzw. sollte einige Zeit vorher erledigt

werden. Dazu die Zwiebelwürfelchen mit dem Reis (wir waschen ihn übrigens nie vorher) in ein bisschen Aldi-Olli-Öl in einem relativ großflächigen Topf anschwitzen, dann nach und nach Rosi, Knoblauch und Butter dazugeben, bis der Reis die herrlichen Fette aufgenommen hat. Kurz bevor das Ganze Farbe nimmt, mit dem Weißwein ablöschen bzw. gleich mit einem Schluck Brühe. Zum Umrühren eignet sich sehr gut eine Gummifotze (Entschuldigung, aber der Teigschaber mit Stiel wird in den Gastroküchen der Republik seit eh und je so genannt, ohne dass es im Wortschatz eines Koches dafür einen Alternativbegriff gibt. Wir reden neuerdings von einer Gummilutsche. Klingt besser und ist unverfänglicher), da man damit prima die einzelnen Körner vom Rand und vom Boden, falls der Reis anzusetzen droht, abschaben kann. Mit einem gewöhnlichen Kochlöffel oder Pfannenwender geht das auch. Wichtig beim Risottokochen ist permanentes Umrühren bzw. »Umschaben«. Die Brühe wird in kleinen Schlucken aufgegossen und reduziert bzw. vom Reis aufgenommen. Wieder ein kleiner Schluck Brühe, einkochen und so weiter und so fort. Man beendet diese Prozedur, sobald der Reis, dafür muss man gelegentlich probieren, zwar innen noch körnig ist, aber eine zierliche Prinzessin ihre Porzellanzähnchen daran nicht zerbrechen würde. Nun die Olivenstücke oder Ringe unterheben (die Menge der Oliven ist dir überlassen und hängt natürlich auch vom Eigengeschmack der Oliven ab), den Reis zum Auskühlen flach auf ein Blech streichen, damit er nicht zu sehr nachzieht (das geht jetzt nämlich relativ fix), und bis zum Anrichten liegen lassen. Hiermit ist Phase 1 abgeschlossen.

Phase 2 beginnt ganz kurz, bevor serviert wird. Es wäre von Vorteil, wenn sich jemand anderes um den Thunfisch kümmert, damit alles gleichzeitig fertig ist.

Es funktioniert aber auch, wenn der Thunfisch vorher gebraten und mit einem Stück Alufolie abgedeckt wird, damit er nicht auskühlt. Aber aufpassen, ihn auf gar keinen Fall in der Pfanne liegen lassen, dort droht er dann schnell garzuziehen!
Der Salat sollte auf jeden Fall schon mal vorbereitet und angerichtet sein.

Der Salat

Römersalat
Balsamico-Essig
DJ-Senf
Zucker, Salz und Pfeffer
Olivenöl
ggf. Parmesan

Aus einem Spritzer Limonen-, Zitronensaft oder leckerem schwarzen Balsamico-Essig (also einem, der schon ein paar Jährchen gereift ist), einer Moccalöffelspitze Dijon-Senf, je ein paar Körnern Zucker, Salz und Pfeffer und etwas tollem Olivenöl mittels Schneebesen und geräumiger Schüssel eine superkleine Menge Dressing rühren. (Wenn man das Öl tropfenweise einrührt, emulgiert das Dressing, d. h., Fett und Flüssigkeit verbinden sich dank des im Senf enthaltenen Emulgators zu einer dickflüssigen Sauce.)
In diesem Hauch von Dressing, der gerade ausreicht, um die Innenwände der Schüssel zu benetzen, den in Streifen geschnittenen Römersalat wenden und flach auf zwei großen Tellern anrichten. Wer mag, raspelt sich noch etwas Parmesan auf den Salat.

Jetzt muss Phase 2 der Risotto-Zubereitung beginnen, damit der Salat nicht zusammenfällt.
Vom Reis nimmt man etwas weniger, als man meint, für zwei Teller zu benötigen (Knoblauch und Rosi wegwerfen. Den Rest kühl stellen und am nächsten Tag zum

Mittag machen). In einem angemessenen Topf den Reis mit einem guten Schluck Brühe warmrühren. Dann Parmesan hinzu (so viel man mag oder weglassen, wenn man bereits Parmesan auf den Salat gerieben hat), das beste Olivenöl und geschlagene Sahne nach Geschmack und Gefühl unterheben und abschmecken. Sofort in der Mitte des Tellers auf dem Salat anrichten. Körnig, schlotzig und fluffig soll der Risotto sein – nicht pampig! Das wird er, wenn man jetzt zu lange wartet, bis er serviert wird.
Die gebratenen, innen rohen (!) Tonno-Steaks werden schräg halbiert, sodass die fast schon rote Leuchtreklamefarbe vom Anschnitt schön strahlt. Nett auf dem Reis anrichten. Die zuvor aufgesetzte Sauce ggf. noch in die gewünschte Konsistenz bringen und wie oben beschrieben abschmecken (Vorsicht! Setzt leicht an). Die Sauce über den Fisch gießen, aber dabei den geilen Anschnitt nicht kaschieren. Kapern drüberstreuen und losessen.
Zugegeben, dieses Gericht wie beschrieben zu kochen, ist nicht ganz ohne. Daher flexibel sein und für den Anfang vielleicht den Risotto einfach gegen ein Stück Baguette eintauschen und den Risotto ein andermal als eigenständiges Gericht machen. Schließlich muss das Ganze nicht in Arbeit ausarten.

Rinderfiletroulade mit Pflaumenchutney, Pfannenkürbis und Zimtkartoffeln

Die Rouladen

je Roulade eine Scheibe vom Rinderfilet (à ca. 80 g) (2 Rouladen pro Portion)
etwas Klarsichtfolie und ein Stieltopf zum Plattieren
Sojasauce
ein Küchenpinsel
Erdnussbutter
Pflaumenmus
Ingwer, geschält und gerieben
Limonen (Abrieb und ggf. Saft)
sehr scharfe Chilisauce oder Piri Piri, klein geschnitten
Thaibasilikum, in Streifen geschnitten
Pinienkerne, geröstet
Zahnstocher
Pfeffer und Salz
Öl oder Kokosfett zum Braten
eine Bratpfanne

Die Fleischscheiben auf die Arbeitsfläche legen und, so gut es geht, mit der Hand flach drücken. Nun großzügig mit Klarsichtfolie abdecken und vorsichtig, mit angemessen dosierter Kraft, die Fleischscheiben mit dem Stieltopf gleichmäßig auf knapp einen halben Zentimeter Dicke klopfen.
Die Folie entfernen und das Fleisch gut mit Sojasauce einpinseln. Mit einem Messer eine dünne Schicht Erdnussbutter aufstreichen. Darüber Pflaumenchutney, die Basilikumstreifen und ein paar Pinienkerne.
Falls kein Pflaumenchutney zur Hand ist, kann man es schnell aus Pflaumenmus, Ingwer, Limone, Chilisauce oder Piri Piri zusammenrühren.
Die bestrichenen Fleischlappen werden nun der Länge nach aufgerollt, mit einem Zahnstocher fixiert und mit Pfeffer und Salz gewürzt. Anschließend in einer Pfanne braten. Ab und an wenden, aber darauf achten, dass sie innen noch rosa sind. Wenn man sie, kurz bevor sie fertig sind, beiseite stellt und mit einem Stück Alufolie

abdeckt, können sie nachziehen und bleiben warm, bis man die Beilagen fertig hat. Später werden die Rouladen schräg durchgeschnitten und auf dem Kürbisgemüse angerichtet.

Schnelle schwarze Sauce

ein Schluck Rotwein
Bratenfond aus dem Glas (oder besser: Jus)
Soßenbinder
ein paar Stückchen kalte Butter
ein Sieb und den Stieltopf von vorhin

Während das Fleisch ruht, den Bratansatz mit Rotwein ablöschen und stark reduzieren. Jetzt Bratenfond auffüllen, ca. auf die Hälfte einkochen. Den Saft, der sich von den ruhenden Rouladen gebildet hat, dazukippen, aufkochen und abbinden. Die kalte Butter einrühren und in den Stieltopf passieren.
Die Sauce wird recht salzig sein, weil sie ein Fertigprodukt ist. Macht nichts. Das verschmeckt sich, da eh nur relativ wenig Sauce angerichtet wird.

Pfannenkürbis

in streichholzgroße Stifte geschnittener Butternut-Kürbis
Sonnenblumenkernöl
Zucker, Pfeffer, Salz
schwarzer Kümmel
grob gehackte Walnüsse
Kürbiskernöl
Bratpfanne

Den Kürbis in etwas Sonnenblumenkernöl scharf anbraten, mit wenig Zucker bestreuen, mit Pfeffer und Salz würzen, Kümmel und Walnüsse einschwenken und etwas Kürbiskernöl unterheben. (Geht recht schnell, denn der Kürbis ist ratzfatz fertig.)

Zimtkartoffeln

kleine junge Kartoffeln mit Schale, gekocht und halbiert
Sonnenblumenkernöl
Salz und Zimt
Butter
Bratpfanne

Die Kartoffeln in etwas Sonnenblumenöl hellgoldbraun braten. Dann einen großzügigen Löffel Butter in die Pfanne geben und aufschäumen lassen. In diesem Moment salzen und ordentlich zimten. Durchschwenken und auf ein Küchenkrepp geben. Anrichten.

Passt gut und sieht spitze aus: Wenn man aus Möhrensaft, Kokosmilch, Currypaste und Limone eine grelle Sauce zaubert und vielleicht noch ein Pesto da hat, kann man beides prima mit auf die Teller kleckern.

Blumenkohlbratling

(ca. 4 bis 6 Portionen)

Sonnenblumenkernöl o. Ä. zum Braten
1 mittelgroßer Blumenkohl
2 fein gewürfelte Zwiebeln
1 fein gewürfelte Knoblauchzehe
Currypulver
Salz, Pfeffer
eine Prise Zucker
3 Eier
etwas Mehl für die Bindung
wer mag, auch Sonnenblumen- oder Kürbiskerne oder so
Sambal Olek, Ingwer

Den Blumenkohl vom Strunk befreien und in ca. 2 mm dicke Scheiben schneiden, dabei zerfällt der Blumenkohl in mittelgrobe Brösel. Die Blumenkohlbrösel mit den Zwiebeln und dem Knoblauch in etwas Öl bei nicht ganz voller Hitze in einer Pfanne goldbraun anschwitzen und mit Pfeffer, Salz, Currypulver und einer Prise Zucker würzen. Die Masse in eine Schüssel füllen und zwei Minuten stehen lassen. Erst wenn die Masse etwas abgekühlt ist, kann das gequirlte Ei untergerührt werden. Andernfalls denaturiert (stockt) es womöglich. Etwas Mehl unterheben und zu einer nicht zu pampigen, aber auch nicht zu dünnen Konsistenz verrühren. Indem man in der inzwischen gesäuberten Pfanne bei mäßiger Hitze mit etwas Öl eine Probe brät, kann man ganz leicht die richtige Konsistenz überprüfen. Man nimmt dazu einen vollen Esslöffel (oder etwas mehr) der Masse, legt sie so in die heiße Pfanne, dass man nachher einen Bratling von der Größe eines Prinzenrolle-Kekses erhält. Hat man den Eindruck, dass das Ei stockt und der Bratling auf der Bratseite eine angenehme Farbe angenommen hat, wendet man ihn. Dazu eignet sich ein Pfannenwender. Ist der Bratling auf der anderen Seite auch schon angebraten, probiert man das Werk und stellt im besten Falle fest, dass er prima

hält und nicht hart ist. Sonst sollte man nochmals Mehl, Ei oder Gemüseraspel bzw. Blumenkohl unterheben. Abschmecken kann man jetzt auch besser als zuvor. Mit Ingwer und/oder Sambal Olek bekommt man prima Geschmack rein. Gut machen sich auch grob gehackte, angeröstete Nüsse, Sonnenblumen- oder Kürbiskerne. Gerne kann man Reste aus der Küche (ein Stückchen Zucchini, etwas Frühlingszwiebel usw.) kurz anbraten und in die Bratlingmasse einmengen.
Wie für die Probe beschrieben, kann nun losgebraten werden.
Das Ganze kann z. B. auf Lauch (Porree) angerichtet werden. Den Porree waschen, klein schneiden, mit Zucker und Salz durchkneten und eine Weile stehen lassen. Flüchtig ausdrücken und mit etwas Butter warm schwenken. Dazu passen auch gekochte Kartoffelwürfel, die in etwas Pesto warm geschwenkt werden, und eine schnelle Frischkäsesauce. Für die Sauce nimmt man etwas Brühe, z. B. den Lauchfond, der beim Ausdrücken des Lauches entstanden ist. Den Fond oder die Brühe aufkochen, Buko oder Philadelphia hinzugeben und mit einem Mixstab zu einer cremigen Sauce rühren.

Konglomerat von Erdbeere, Entenleber, Kelloggsrind und Basilikum

Schalotten oder Zwiebeln
Butter
Gnocchi
Olivenöl
frisches Basilikum
leckere feste Erdbeeren (ggf. Tiefkühlerdbeeren)
Erdbeer- oder Kirschsaft
Fond bzw. Brühe (Ente, Rind, Huhn, Kalb, Gemüse – egal)
Frischkäse (Buko, Philadelphia o. Ä.)
Sahne
Salz, Pfeffer, Zucker, Zitronensaft
Toastbrot
Küchenkrepp
Mehl, Stärke, Backpulver und Eiswürfel
ein Topf mit Frittierfett (Topf höchstens halb voll machen!)
Entenleber (Pute, Huhn, Rind oder Kalb geht auch)
Rinderfilet (Hühner- oder Putenschnitzelchen gehen auch)
Cornflakes
Schmalz oder Öl zum Braten
Jus oder Bratenfond (gibt's z. B. von Lacroix oder Langbein im Glas)
ggf. eingelegter grüner Pfeffer und krosse Speckwürfelchen

Die »Beilage«

Schalottenringe oder Zwiebelwürfel in Butter anschwitzen.
Gnocchi aus dem Kühlregal ins kochende, leicht gesalzene Wasser geben, warten, bis sie oben schwimmen, dann kurz ins Eiswasser, gut abtropfen lassen und mit etwas Olivenöl vermengt in einer Schüssel aufbewahren.
Vom frischen Basilikum ein paar schöne Blätter beiseite legen und den Rest in dünne Streifen schneiden.

Frucht und Sauce

Erdbeeren putzen und halbieren, die Abschnitte und die matschigen aufbewahren sowie einige wenige sehr große feste Früchte beiseite legen. Für das Erdbeermark Erdbeerabschnitte, Tiefkühlerdbeeren, etwas Zucker, Zitronensaft, eine Prise Salz und etwas Erdbeersaft (gibt's von Paco oder Vaihinger, sonst Kirschsaft nehmen) mixen und durch ein Küchensieb passieren.
Für die Sauce nun den Fond, den Frischkäse, Sahne, Zitronensaft, etwas Kirsch- oder Erdbeersaft bzw. einen Teil des oben beschriebenen Erdbeermarks in einen Topf geben und mit Salz und Pfeffer abschmecken. Mit einem Mixstab alles zu einer sämig-cremigen, rosafarbenen, fruchtig-pikanten Sauce verrühren und aufkochen.

Schnickschnack

Für die Toastbrot-Croutons den Toast von der Rinde befreien, in Würfel schneiden, in einer Pfanne mit relativ viel Olivenöl und einem Stück Butter (etwas später dazugeben) goldbraun braten, leicht salzen, abtropfen lassen und auf Küchenkrepp ausbreiten.
Den Tempurateig (superdünner asiatischer Ausbackteig) in einer Schüssel vorbereiten. Dafür Mehl und Kartoffelstärke zu etwa gleichen Teilen mit etwas Backpulver vermischen, nach und nach kaltes Wasser zugeben und mit einem Schneebesen zu einem glatten Teig verrühren. Der Teig sollte eine joghurtartige Konsistenz haben. Ein paar Eiswürfel zugeben, damit der Teig immer kalt und leicht flüssig bleibt.
Die Erdbeeren in sehr dünne Scheiben schneiden, mit einer Pinzette greifen und durch den Ausbackteig ziehen. Anschließend in der ca. 180 Grad heißen Fritteuse

frittieren. Die Erdbeerscheiben sollten kross, aber nicht verbrannt aussehen. Sie dann mit einer Gitterkelle aus dem Fett fischen und auf Küchenkrepp ausbreiten. Mit den Basilikumblättern genauso verfahren. Den Tempurateig stets vor Gebrauch durchrühren, da er sich leicht absetzt. Gelegentlich ruhig durch Zugabe von Mehl und Stärke die Konsistenz regulieren.

Getier

Das Filet parieren und in mädchenfingerdicke Scheiben schneiden. Cornflakes leicht zerdrücken. Leber in Scheiben oder im Ganzen, mehliert oder nicht mehliert in eine recht heiße Pfanne mit etwas Schmalz, Butterschmalz oder Öl legen, wenden und rosa braten (das geht recht fix) und auf einen Teller legen, mit Pfeffer und Salz würzen und mit Alufolie locker abdecken. Der Teller sollte möglichst an einer warmen Stelle in der Nähe des Herds stehen. Filetscheibe mit Pfeffer und Salz würzen, mit der Pinzette auf einer Seite durch den Tempurateig ziehen und in die Cornflakes drücken. Zuerst die teig- und cornflakesfreie Seite in einer heißen Pfanne mit etwas Schmalz, Butterschmalz oder Öl anbraten. Bis drei zählen und wenden. Wieder bis drei zählen und ein Stückchen Butter dazuschmeißen und aufschäumen lassen. Die Filetscheibe aus der Pfanne nehmen und zur Leber legen. Fett aus der Pfanne kippen, Jus oder Bratenfond in die Pfanne geben, etwas einkochen lassen, abbinden (z. B. mit ein paar Tropfen Tempurateig oder Fertigsaucenbinder, z. B. von Mondamin) und eine Flocke kalte Butter mit einem Schneebesen schnell einrühren (»mit Butter aufmontieren« heißt das in der Köche-Angebersprache). Sauce zur Seite stellen.

Anrichten

Die Gnocchi in Butter anschwenken, die angeschwitzten Schalotten oder Zwiebeln hinzu, leicht pfeffern und salzen, die Basilikumstreifen hinzu, durchschwenken und mittig auf einem schönen großen Teller anrichten.
Die Erdbeerhälften jeweils portionsweise in die heiße rosafarbene Sauce geben, wieder einmal bis drei zählen und sie zusammen mit etwas Sauce auf den Gnocchi anrichten. Die Erdbeeren dürfen auf keinen Fall garen, noch nicht mal richtig heiß werden. Sie sollten knackig bleiben, sonst schockt das Gericht nicht.
Mit einem Löffel etwas Erdbeermark unordentlich auf das Essen inklusive Tellerrand kleckern.
Die Leber und das Kelloggsrind auf dem Gnocchi-Erdbeer-Haufen drapieren. Auf die Leber etwas von der gebundenen Jus (Bratensauce) geben. Das Frittierte und einige wenige Croutons drüberstreuen, ein Blatt Basilikum und ein paar Erdbeerchips als Blickfang arrangieren.
Schnell servieren!

Besonders lecker wird es, wenn man etwas eingelegten grünen Pfeffer mit den Gnocchi anschwenkt und/oder vor dem Servieren noch ein paar kross ausgebratene Frühstücksspeckwürfelchen über das Konglomerat regnen lässt.

Vegetarische Schlachteplatte

Kartoffeln
Röstzwiebeln
Sauerkraut
Chicorée
Kopf- und Feldsalat
große Äpfel
Zitrone
Apfelsaft
Rot- oder Portwein
Sonnenblumenöl
Olivenöl
Himbeeressig
Butter
Gemüsebrühe
Sahne
Mehl
Muskat, Paprika edelsüß, Pfeffer, Salz, Zucker
ggf. Zimt, Rosmarin (Zweig), Vanille, Nelken, Anis oder Koriander

Frittiertes Sauerkraut

Das Sauerkraut mit Küchenkrepp trockentupfen, auf einem Backblech verteilen, im mäßig temperierten Ofen bei leicht geöffneter Ofentür (Geschirrhandtuch rein) etwas dörren lassen und anschließend in etwa 180 Grad heißem Fett (wenn es qualmt, ist es zu heiß) kurz frittieren.
Das kann man prima komplett vorbereiten, da das Kraut nicht heiß angerichtet werden muss.

Kartoffelstampf mit Röstzwiebeln

Geschälte und geviertelte Kartoffeln in Salzwasser kochen. Wenn sie etwas mehr als gar sind, abgießen und tüchtig abdämpfen. Die Kartoffeln mit Butter, Sahne, Muskat und ggf. etwas Salz zu Mus stampfen. Den Topf mit dem Kartoffelstampf mit einem Handtuch umwickeln und bis zum Anrichten unter einer Bettdecke warm halten. Will sagen: Auch der Stampf kann vorbereitet werden, damit man nicht in Hektik gerät.

Die bereits vorbereiteten, in Paprikamehl (Mehl mit etwas süßem Paprikapulver vermischt) gewälzten, frittierten dünnen Zwiebelringe (oder die fertigen Röstzwiebeln aus dem Supermarkt) kurz vor dem Anrichten unterheben.

Pochierte Rotweinäpfel

Sehr große Äpfel schälen und in fingerdicke Ringe schneiden. Den Kern ausstechen und die Ringe in einer Pfanne mit Zucker bestreuen. Wenn der Zucker karamellisiert, die Apfelringe mit Rot- oder Portwein ablöschen und mit Zimt, Rosmarin, Vanille, Nelken, Anis oder Koriander reduzieren. Den heißen Fond zum Schluss mit etwas kalter Butter montieren.

Geschmorter Chicorée

Den Chicorée längs halbieren und die Mitte des Strunkes herausschnitzen, ohne dass der Kopf seinen Halt verliert. In einer Pfanne mit einem passenden Deckel die Hälften von beiden Seiten in Öl anbraten, leicht mit Zucker bestreuen und wenden. Wenn der Zucker karamellisiert, also bevor er zu dunkel/schwarz wird, den Chicorée mit einem sehr kleinen Schluck Himbeeressig ablöschen und mit gutem, nicht so süßem Apfelsaft immer wieder nachlöschen und gut reduzieren, bis er den gewünschten Garpunkt erreicht hat. Falls ein Thymianzweig o. Ä. zur Hand ist, kann der ruhig mitschmoren. Den Chicorée ausstechen, den Fond in der Pfanne lassen und mit Gemüsebrühe etwas auffüllen, mit kalter Butter montieren und mit Zitrone abschmecken. Vor dem Anrichten den Chicorée wieder zurück in die Sauce, um ihn zu erwärmen. Auch dieser Vorgang kann beizeiten vorbereitet werden.

Gebratener Kopf- und Feldsalat

Den Kopfsalat von allen megaschlabbrigen Blättern erlösen, die direkt in den Hühnerstall gebracht werden. Den Strunk des nunmehr straußeneigroßen Salates plan schneiden, aber nicht entfernen. Den Kopf mit einem großen Beil oder einer Motorsäge in zwei Hälften teilen, sodass der Strunk gerecht verteilt ist. Kurz vor dem Anrichten den Salat in einer Pfanne mit Olivenöl von beiden Seiten braten. Erst die runde, dann die ebene Seite. Etwas Butter hinzufügen und mit Pfeffer und Salz abschmecken. Den Feldsalat waschen, trocknen und wie den Kopfsalat braten, nur kürzer.

Anrichten

Einen kleinen Kartoffelröstzwiebelstampfberg etwas seitlich auf einem Teller aufhäufen. Einen halben Kopfsalat, zwei halbe Chicorées mit Fond und die Apfelscheiben schick neben dem Stampf anrichten. Mit der herrlich dunkelroten Schmorsauce ein wenig Picasso spielen und mit dem frittierten Sauerkraut garnieren.

Karotten-Kick

Möhrensuppe mit Sambal Olek, vegan

(Für ca. 6 bis 8 Personen)

eine Zwiebel, geschält und irgendwie klein geschnitten

ein knappes Kilo Möhren, geschält und grob geraspelt

ein guter Schluck Reiswein oder Weißwein, wenn zur Hand

1 l Möhrensaft (100 % Saft, kein »Nektar«!)

3–4 Stangen Zitronengras, kaputtgehauen, nicht klein geschnitten

2 Limonen (Abrieb und Saft)

ein paar (viele schaden auch nicht) Limonenblätter, wenn zur Hand

ca. 1 l Kokoscreme aus der Dose

frischer Ingwer (so viel man mag, kein Limit)

Kokosfett oder gewöhnliches Öl zum Anbraten

Zucker, Salz

Sambal Olek

wer mag, ein Bund oder mehr frischer Koriander, Blätter gezupft und Wurzeln und Stiele klein geschnitten

ein möglichst großflächiger, 4 l fassender Kochtopf

Das Fett im Topf heiß werden lassen und darin die Zwiebeln und eine Hand voll Möhrenraspel mit ein bis zwei Teelöffeln Zucker möglichst farblos anschwitzen. Mit dem Wein ablöschen und einkochen lassen. Mit Möhrensaft auffüllen und wenn nötig einen kleinen Schluck Wasser zugeben. Die restlichen geraspelten Möhren, das Zitronengras, die angedrückten Limonenblätter und den Abrieb sowie eine kleine Menge an Sambal Olek (Vorsicht!) hinzugeben. Ingwer hineinreiben und den Ansatz leicht salzen. Zehn Minuten köcheln lassen. Kokoscreme hinzu. Wer auf Koriander steht, gibt jetzt die Wurzeln und Stiele hinzu, wer nicht, soll sich einen Rock anziehen. Kurz aufkochen lassen und möglichst am nächsten Tag weiterkochen.

Will sagen: Herd aus, kalt werden lassen, kühl stellen und Pizzataxi rufen.
Am nächsten Tag bzw. nach möglichst langem »Ziehenlassen« das Ganze langsam zum Aufkochen bringen, das Zitronengras rausnehmen und mittels Pürierstab fein pürieren. Dann alles mühevoll durch ein möglichst feines Sieb passieren, besser gesagt quetschen. Die Rückstände wegschmeißen.
Nun die Flüssigkeit abschmecken: Für die Säure steht der Limonensaft zur Verfügung, für die Süße der Zucker und, man ahnt es schon, für das Salzige das Salz. Für die gewünschte Schärfe gibt es Sambal Olek. Bitte nur die Menge nachschärfen, die sofort gegessen wird, da das Zeug ganz langsam, aber ziemlich heftig an Schärfe gewinnt!
Echte Kerle streuen sich nun die grob gehackten Korianderblätter auf ihre Suppe. Als Einlage kann man das Innere eines Bounty-Riegels (also ohne Schokolade) zu kleinen Schupfnudeln rollen und in angerösteten Kokosraspeln wälzen. Man kann es aber auch sein lassen.

Gummibärchenlasagne auf Pflasterstein

Gummibärchenschaum

200 g Gummibärchen
0,7 l schwarzer Johannisbeersaft bzw. -nektar
ein Topf
ein Schneebesen
ein 1 l IsI-Sahnesiphon inkl. 2 Druckkapseln
ein Herd
ein Kühlschrank

Die Gummibärchen im Johannisbeersaft auf dem Herd auflösen und kühl stellen, bis der Saft leicht geliert. Mit dem Schneebesen durchrühren, das Gel ins Sahnesiphon füllen und die zwei Druckkapseln laden. Schütteln und mindestens 18 Stunden in den Kühlschrank stellen. Vor Gebrauch immer wieder schütteln.

Lasagneblätter

100 g dunkle Kuvertüre
Backpapier

Kuvertüre auflösen und temperieren, d.h. die Kuvertüre in einer Schüssel im Wasserbad schmelzen. Von Zeit zu Zeit vorsichtig rühren und abwarten, bis die Kuvertüre langsam wieder leicht fest wird. (Die Fettmoleküle verbinden sich während dieser Phase wieder miteinander und die Schokolade wird nicht grau. Hat Schokolade in der Sonne gelegen, bekommt sie so einen Grauschimmer, das ist jedoch nur getrennte Kakaobutter.) Die Kuvertüre muss zwischen fest und flüssig sein, deshalb sie eventuell nochmals vorsichtig erwärmen.
Die zähflüssige Kuvertüre dünn auf Backpapier streichen und in den Kühlschrank legen. Wenn sie wieder fest ist, in ungleiche Stücke brechen und anrichten.

Molotow-Cocktail Starbuck

(Für ca. 10 l)

2,5 l Vodka
0,3 l Obstler
10 Beutel Pfefferminztee mit ca. 1/3 l kochendem Wasser übergießen und mindestens 5 Minuten ziehen lassen. Teebeutel raus und entsorgen
6 l klarer Apfelsaft
1 l klarer Kirschsaft
Saft von 8 Limonen
ein 10-l-Trinkwasserkanister (gibt's im Campingbedarf)
leere 0,2- oder 0,3-l-Flaschen
ein Trichter
Strohhalme, weiße Servietten

Alles mischen, kanistern, kalt machen, trinken.
Am besten in einer Flasche mit Strohhalm und eingesteckter Serviette servieren.

Historischer Hintergrund:
Starbuck war der Steuermann des bekannten Fischkutters »Pequod« aus dem Roman »Moby Dick« von Herman Melville, aber auch Deckname von Holger Meins, Filmemacher und Terrorist der RAF. Er drehte 1968 den provokanten Film »Herstellung eines Molotow-Cocktails«. Holger Meins starb 1974 mit 33 Jahren als erster RAF-Terrorist an den Folgen seines Hungerstreikes, trotz Zwangsernährung im Krankenhaus. RAF-Sympathisanten sowie der RAF-Anwalt und heute amtierende Bundesinnenminister, Otto Schily, protestierten im Anschluss. Die Bundesregierung stritt jede Verantwortung ab.

Punkermarmelade

eine Flasche Bier (0,33 l)
knapp 100 g Gelierzucker
kleine Geschmackshilfen

Das Bier köpfen und auf gut die Hälfte einkochen lassen. Den Gelierzucker dazugeben und ein bis zwei Minütchen weiterköcheln lassen, kalt stellen, fertig.
Der Edelpunk kann das Ganze noch mit einem Spritzer Zitronen- oder Orangensaft abrunden, und der Modepunk kann sich kleine Nieten aufs Etikett malen. Schmeckt am besten auf frischen Weißmehlbrötchen mit Butter, eventuell verfeinert mit ein paar Kartoffelchips.

IX. Weiterrocken!

Grußworte zum 10-jährigen Bestehen der Roten Gourmet Fraktion

Die RGF ist der einzige Grund, warum Prollhead! sich immer noch so hartnäckig im Musikbusiness tummeln. Wir hoffen nämlich, eines Tages doch noch so viel Geld zu verdienen, dass wir es uns leisten können, die Jungs mit auf Tour zu nehmen.
In der Anfangsphase unserer »Karriere« hatten wir den beiden eine ganze Menge zu verdanken. Ole Evil & Jörg Mosh, wie sie sich damals nannten, waren unsere ersten richtigen Fans. Und was für welche! Zu der Zeit (1992) hieß unsere lustige kleine Band noch Proll! und hatte gerade mal eine 4-Track-Demo-MC auf dem Markt. Aber plötzlich hatten wir einen Fan-Club, die Prollheads!, und ein eigenes Fanzine, den »Prollator!«. Als eine drittklassige Comedy-Truppe aus Emsdetten, der auch ein gewisser Atze Schröder angehörte, uns unseren Bandnamen streitig machte, war es uns eine Ehre, für die Zukunft unter dem Namen unseres Fan-Clubs zu firmieren. Seitdem heißen wir Prollhead!
Die Jungs haben für die Band wirklich alles gegeben. Als für einen Auftritt im Clubheim des FC St. Pauli unsere Background-Sängerinnen, die Prollettes!, einmal keine Zeit hatten, scheuten sie sich nicht, Strümpfe und kurze Röckchen anzuziehen, um auszuhelfen! Als es dann mit der RGF richtig ins Rollen kam, haben die beiden promotionmäßig erst so richtig losgelegt. Da kamen dann auf einmal so Ansagen wie »Lucilec-

tric haben den Prinzen euer Tape gegeben, beide finden das total cool« oder »Die Inchtabokatables finden euch voll klasse, die hören euer Tape dauernd im Bus«. Auch den Kontakt zu den Ärzten haben die beiden eingefädelt, was zur Folge hatte, dass wir auf deren '94er Tour zehn Gigs mit ihnen spielen konnten. Auf dieser Tour haben wir uns dann zum ersten Mal an ihrer Kochkunst erfreuen können. Das Catering bei den Ärzten hat uns wirklich umgehauen. Da gab es rund um die Uhr einen vollen Kühlschrank mit Bier und Underberg. Außerdem jeden Tag verschiedene warme Gerichte mit Vorsuppe und Nachspeise. Es war das Paradies! In der kurzen Zeit nahmen wir einige Kilo zu. Diese Zeiten sind zwar leider vorbei, aber wir sind immer noch im »Geschäft«, und wenn wir heute in irgendeinem Kaff sitzen und auf das »Catering« vom örtlichen Pizzabäcker warten, träumen wir oft davon, wie schön es wäre, wenn wir die beiden mit auf Tour hätten.

Marc Zimmermann, Prollhead! / The Punkles

Punkrock, Drogen und die RGF – what more can you ask for (being a band)? Herzlichen Glückwunsch, Ole und Jörg. You guys rock!

Olaf Heine, Fotograf

Hätte uns zu Ostzeiten jemand erzählt, es gebe mitreisende Köche für eine Rock-Band, unser Lachen wäre nicht enden wollend gewesen. Mit etwas Glück gab es in der dem Dorfsaal angeschlossenen Gaststube ein Schnitzel mit fettigen Bratkartoffeln, aus organisatorischen Gründen manchmal direkt vor dem Auftritt, sodass wir uns die Fettfinger an den Instrumenten abwischten und hofften, dass wir nicht aufstoßen müssen.

Wenn vor dem Konzert noch etwas Zeit war, versuchten wir, im jeweiligen Ort landestypische Spezialitäten kennen zu lernen, das glückte manchmal. Als wir mit einem Gast aus Westberlin unterwegs waren, wurden viele Wirte zum ersten Mal mit dem Wort »vegetarisch« konfrontiert. Wir erklärten dann, das wäre ein normales Schnitzel – nur ohne Schnitzel. Nach längerem Nachdenken fragten die Wirte: Ja, aha, aber warum kommt ihr dann her?
Manchmal aßen wir auch einfach nicht. Einmal, in Lüttewitz, kochte die Frau vom Veranstalter eine Gulaschsuppe. Wir schafften es nicht, vor dem Konzert zu essen, und als wir uns nachts hungrig dem Kessel näherten, nahm ein junger Punk in ebendiesem ein Fußbad. Ich führte die Kelle vorsichtig um seine Knöchel.
Irgendwann durften wir dann mal an größeren Freiluftveranstaltungen teilnehmen. Dort gab es wunderbarerweise eine Küche mit wirklich genießbarem Essen. Wir aßen, so viel wir konnten, um dann zu erfahren, dass das erst das Frühstück war. Die RGF-Kantine verließen wir nur kurz, um auf die Bühne zu gehen. Glücklicherweise spielten wir nie als letzte Band, sodass die Küche auch nach dem Auftritt noch offen war. Da erst entdeckten wir die Suppen, die so gut schmeckten, dass wir uns nach jedem Löffel schweigend zunickten. Keine Worte wären unserer Begeisterung gerecht geworden.
Wir versuchten öfter auf solchen Veranstaltungen zu spielen, um festzustellen, dass etwa in Belgien oder Holland unsere kulinarischen Erwartungen nur teilweise erfüllt wurden. In Holland reichte man uns Gulasch im Teigmantel als Wurst, die ihren Inhalt beim ersten Biss auf unsere Oberkörper entlud. Wir wollten wieder Suppe und planten eine Tournee durch Deutschland. Zu unserer grenzenlosen Verwunderung erklär-

ten sich diese Wunderköche bereit, mit uns zu reisen. Selbst Tills unbändiger Appetit schreckte sie nicht ab, sie nahmen es mit freundlicher Gelassenheit einfach zur Kenntnis. Aber wenn er rülpst, dann staunen sie auch.
Schon nach kürzester Zeit missbrauchten wir schmählich ihre Dienste und nervten mit eigenen Rezepten und selbst gesuchten Giftpilzen. Leider fuhren wir dann nach Amerika, und da wollten wir sie nicht mitnehmen, das würde ich meinen schlimmsten Feinden eigentlich nicht zumuten. Da waren wir schon froh, als wir wieder zu Hause waren.
Alles Gute

Flake Lorenz, Rammstein

Ihr verschwendet eure Jugend, wenn ihr weiterhin auf der Straße kocht.

Jochen Hülder, Manager der Toten Hosen

Trotz der genialen Küche war für mich der schönste Ort über viele, viele Jahre einer der Lagerräume, wo ich mit den Jungs so einige heimliche Underbergs weggemacht habe.

Wölli, Schlagzeuger der Toten Hosen

Die Köchlein haben eine unglaublich kreative Ader für Suppen, waren aber auch dafür verantwortlich, dass auf der »Dröhnung«-Tour des Frühstyxradios immer Fickelmagazine rumlagen, die schrecklichsten Blätter der Welt, die ich je gesehen habe, von »Coupé« bis zur »Super-Illu«. Damit haben sie uns die Garderoben gepflastert. Sex in Wort und Bild – da konnten wir viel lernen.

Sabine Bulthaup, Frühstyxradio

Ich könnte so viele witzige Anekdoten erzählen, zum Beispiel wie Ole mit einem riesigen Messer in der Hand Schmiddi nachrannte, der sich einen Schweinskopf übergestülpt hatte. Ich könnte viel über die eheähnlichen Streitereien zwischen Jörg und Ole erzählen, die After-Dinner-Drinks in der Küche, Jörgs trockenen Humor und warum man sich morgens lieber fünf Meilen entfernt von Ole aufhalten sollte, wenn einem sein Leben lieb ist. Ich könnte unendlich über das konstant wechselnde, nicht zu toppende Essen erzählen, aber für mich als zumeist einzige Frau auf Tour sind andere Sachen wichtiger: der Teller Parmesan und das Glas Wein, die mir ins Produktionsbüro gebracht wurden, wenn ich es mal wieder nicht geschafft hatte, zum Essen zu kommen. Die eigens für meinen grünen Tee gekaufte Kanne, die stets gefüllt auf meinem Schreibtisch stand. Die frischen Blumen, die mich daran erinnerten, dass ich nicht nur eine taffe Tour-Managerin bin, sondern auch eine Frau.
Ole und Jörg sind einfach verdammt gute Köche – und verdammt gute Freunde. Danke für die zehn Jahre – und auf die nächsten zehn.

Patty Unwin, Tourleiterin (Ärzte, Fanta 4, Fury)

Nirgendwo durfte ich leckerer zwischen Bühnencases und Plastikratten dinieren als bei der RGF. Nie werde ich die herzerwärmenden Grappa-Runden vor jeder Show vergessen. RGF, ich danke euch und hoffe, dass wir in Zukunft noch mehr kochen und rocken. Prost.

Smudo, Die Fantastischen Vier

Die RGF ist der Bentley unter den Catering-Firmen! Bei ihrem Talent (schleim …!) brauchen sie nur ein wenig Strom oder Gas, einen Menü-Einfall, ein paar nette Zutaten und gute Musik – schon schmeckt's lecker, sieht gut aus und heißt auch noch irgendwie schön doof. Und wer schlechte Laune oder Sorgen oder Wünsche oder Durst oder Ähnliches hat, dem wird es nach dem Besuch der »Genussschmiede« mit Sicherheit schon deutlich besser gehen. Ich freue mich schon auf das nächste Tourneechen.

Gero Drnek, Fury In The Slaughterhouse

10 Jahre RGF bedeuten Punk Rock wirklich zu leben, trotz viel, viel Arbeit sich seinen Humor und seine Leidenschaft zu bewahren und zwei charmante Chaoten seine Freunde nennen zu können.
Weiterrocken!

Svana »Nina« von Treyer, »Catering-Groupie«

Weissagung der Talaxianer

Erst wenn das letzte Schwein geschlachtet,
der letzte Döner verschlungen
und der letzte McDonald's gesprengt ist,
werdet ihr mit Bedauern feststellen,
dass man ohne Köche auf keinen Fall auch nur ansatzweise in der Lage sein wird,
irgendwo auf diesem verdammten Planeten
ein so köstliches Chili-Eis auf dem Gaumen zu spüren
wie jenes auf Oles Hochzeitsfeier.

Elf Mayer, Ex-Slime, -Abwärts, ...

Chronik
10 Jahre Rote Gourmet Fraktion

1993

1. Mai Offizielle Gründung der RGF
Erster Catering-Job für The Cult im Hamburger Dock's
Hamburg Rocks Festival mit Faith No More und den Suicidal Tendencies
Test-Tournee mit den Rubbermaids
Erste richtig große Tournee mit den gerade wiedervereinten Ärzten

1994

Tournee mit Die Ärzte
im Vorprogramm spielen Prollhead!
2. Rendsburg Open Air Festival mit Die Ärzte
Jazz Port Festival Hamburg
Rory Gallagher und Marla Glen im Hamburger Stadtpark
Tournee mit Lucilectric
Toten-Hosen-Tournee »Der dreckige Rest«, im Vorprogramm spielen Terrorvision

1995

Örtliches Catering für Willy de Ville, Skid Row, Nick Lowe, Jazzkantine, DAD, Clawfinger, Lucky Dube,

Warren G, Mary Black, Brian Setzer Orchestra, Brings, Slash's Snakepit, Curtis Stiger, Boyzone, Torfrock, Whiskey Priests und H-Blockx

Tournee mit Hole

Tournee mit Illegal 2001

Crossing all over Festival mit Dog Eat Dog und Such A Surge

Soest-Festival mit Jule Neigel und Fury In The Slaughterhouse

Big Cat Festival mit der bezaubernden Heather Nova

Emsland-Festival mit Fury In The Slaughterhouse, Toto, Selig, den Hooters und den Bates

3. Rendsburg Open Air mit Katrina & The Waves und Wolfgang Niedeckens Leopardefell-Band

Festival auf dem Hamburger Fischmarkt mit Terry Hoax, Selig, Jazzkantine und Fury In The Slaughterhouse

Catering beim Video-Dreh zum »Schunder Song« der Ärzte

Tournee mit Die Ärzte, im Vorprogramm treten Hagfish und Face To Face auf

Kurz-Tournee mit Pulp

1996

Örtliches Catering für Selig, NOFX, Good Riddance, die Vandals und Guildo Horn

Tournee mit The Inchtabokatables und den Immaculate Fools

Tournee mit den Ärzten und den Supportbands Wizo, Fischmob und Terrorgruppe

Tournee mit Frühstyxradio

Tournee mit Deine Lakaien und Quantal

Tournee mit den H-Blockx und Urga

Triphop-Tour mit Tricky

1997

Tournee mit The Bates, im Vorprogramm spielen Stimpy, Three O'Clock Heroes, B. Bang Cider und die New Wave Hookers
Tournee mit Phillip Boa & The Voodoo Club, Vorgruppe: D-Age (Ex-Depressiv Age)
Tournee mit Project Pitchfork
Die Ärzte in der Hamburger Fabrik
Tournee mit Rammstein, im Vorprogramm: Eskimos & Egypts
Wieder unterwegs mit Frühstyxradio
Hurricane-Festival in Scheessel mit INXS, Rammstein, Bad Religion, Midnight Oil, Sheryl Crow, Neneh Cherry, L7 und Fischmob
Zillo-Festival in Hildesheim mit Front 242, Project Pitchfork, Tiamat, Skunk Anansie, Einstürzende Neubauten, The Inchtabokatables und Silke Bischoff
Tournee mit Rammstein und KMFDM
Weihnachtstournee mit The Inchtabokatables

1998

Studioverpflegung während der Aufnahmen des Ärzte-Albums »13« im Hamburger Gaga-Studio
Auf Tour mit den Sisters Of Mercy und TAM
Kurztournee mit Paradise Lost, Dreadful Shadows und Seigemen
»Lord Garbage«-Tournee mit Phillip Boa und Anger 77
Buffet im Hamburger Funky Pussy Club anlässlich der Plattenpräsentation des Ärzte-Albums »13«
Intro-Festival in Bremen
Hurricane-Festival in Scheessel mit den Beastie Boys, Björk, Iggy Pop, Garbage und Sonic Youth

Zillo-Festival in Hildesheim mit The Cure, Therapy?, Rammstein, Green Day und Wolfsheim
Die Ärzte auf Tour mit The Busters und The Butlers
Wir warten aufs Christkind Tournee mit den Roten Rosen, den Toten Hosen und Living End

1999

Tournee mit Project Pitchfork
Tournee mit Wolfsheim
Introducing-Festival in Bremen
Stepptanz-Inferno auf der Gaelforce-Dance-Tour
Hurricane-Festival in Scheessel mit Marilyn Manson, Massive Attack, Skunk Anansie, Blur, den Fantastischen Vier, Bush, Placebo, The Chemical Brothers, Guano Apes und Liquido
Zillo-Festival in Hildesheim mit New Model Army, Wolfsheim, Paradise Lost und Deine Lakaien
Vans Warped: mit Ice T, Sick Of It All, Beatsteaks, Pennywise, Good Riddance, Ignite, Die Ärzte und Turbo ACs
Tournee mit Fanta 4, DJ Thomilla, Afrob, Gentleman und Gästen wie Spezializtz und Scorpio von Grandmaster Flash

2000

Marlboro Sound Slam mit Dog Eat Dog, Crazy Town und Spezializtz
Tournee mit Him, im Vorprogramm Reamonn
Großes Frühstyxradio-Spektakel in Berlin
Tournee mit den Toten Hosen, im Vorprogramm spielen Janus Stark und Beatsteaks
Hurricane-Festival in Scheessel mit Nine Inch Nails, Skunk Anansie, Project Pitchfork, Rollins Band, Die

Firma, Boomfunk MC's, Gentleman, Bush, Him, The Cranberries und Live
M'era Luna Festival in Hildesheim mit The Sisters Of Mercy, And One, Fields Of The Nephilim, Phillip Boa & The Voodoo Club, Him, Project Pitchfork, The Mission und Christian von Aster
Tournee mit Fury In The Slaughterhouse
im Vorprogramm Anger 77 und der Automat

2001

Tournee mit Papa Roach und den Supportbands (HED) PE und Farmer Boys
Frühjahrstour mit Die Ärzte
Rammsteins Mutter-Tour mit Clawfinger als Vorgruppe
Sommertournee mit Die Ärzte und wechselnden Vorgruppen: The Hives, Beatsteaks, Garlic Boys
Die Ärzte – Open Air am Dresdener Elbufer mit den Backyard Babies im Vorprogramm
Der letzte Ärzte-Gig in diesem Jahr im Hangar 401 in Westerland auf Sylt
Kochen gegen Rechts in Rantum auf Sylt mit Stefan Marquard, Marco Müller, Ralf Zacherl und Wolfgang Müller
Deep Shadows And Brilliant Highlights Tour mit Him, The Mission, Tino Rautinen & Trio Niskalaukaus und Alice 2

2002

Kitchen-Clubbing in der Hamburger Prinzenbar
Heimspiel der Toten Hosen in der Düsseldorfer Philipshalle mit den Backyard Babies als Vorgruppe
Tournee mit Fury In The Slaughterhouse

Die Ärzte – 15 Jahre netto Jubiläumskonzert auf dem Kreuzberger Mariannenplatz
Open-Air-Festivals mit den Toten Hosen
Grillfest auf der Loreley
Currywurst's not dead! RGF-Party im Hamburger Hafenklang mit Gang Loco, Glowpunch u. v. a. Hamburger Punk-Musikern
Auswärtsspiele der Toten Hosen mit den Vorgruppen The Bones, The Briefs und The Busters

2003

Casting-Shadows-Tournee mit Wolfsheim
Open-Air-Tour Was kann ich für eure Welt mit Rosenstolz
MTV-Unplugged-Tour mit den Fantastischen Vier
An der Grenze des Zumutbaren mit Fettes Brot und den Ärzten

Das RGF-Lexikon

A. C. A. B.
Eigentlich Abkürzung für »All Cops Are Bastards«. In den Achtzigern auch zu einer Punkrock-Hymne von Slime vertont. Wurde intellektuell umgearbeitet zu »All Cooks Are Bastards«.

Amuse gueules
Appetithappen. Werden in mundgerechter Größe auf einem kleinen Teller angerichtet. Die gehobene Gastronomie serviert sie als kleinen Vorgeschmack auf das Menü.

Automat, Der
Ein-Mann-Vorgruppe von Fury In The Slaughterhouse. Trat bei »Kochen gegen Rechts« auf. Verfechter der Tradition von Küchenkonzerten.

Backliner/Backline
Gitarrenputzer/der Kram, der auf der Bühne steht.

Balduinessig
RGF-Ausdruck für Aceto Balsamico.

Beatsteaks
Ein Stern am deutschen Rock-Himmel. Eine unserer Lieblingsbands.

Böhm, Hanns-Henning
Ex-Lehrling aus dem »Dannenfelds«. Seit drei Jahren freier Mitarbeiter der RGF.

BosFood
Delikatessen-Großhandel. Benannt nach dem Firmengründer und Düsseldorfer Spezialitätenhändler Ralf Bos.

Bronco
Bürgerlich Dirk Wisnewski. Hängte die Kochjacke an den Nagel, um gefährdete Jugendliche vor dem »Abdriften« zu bewahren.

Bronx Boys
Ursprünglich eine Hamburger Kneipen-Gang mit eigenem Gruß und eigenen Nicknames (wie bei den ganz Großen), die dann zur Rockband verkam und Hits von Body Count nachspielte, bevor sie eigene Songs schrieb und sich schließlich auflöste. Ist in unseren Herzen aber immer noch präsent.

Candini, Christian
Horrorfilmer und Koch. War mit uns auf Hosen- und Rammstein-Tour.

Case, auch Flightcase
Extrem stabile Transportkiste auf Rollen. In ihnen wird nahezu sämtliches auf einer Tournee benötigtes Equipment verpackt.

Cateringhilfen
Hübsche junge Damen, die uns in der Küche beim Gemüseschälen und Geschirrspülen helfen. Gehören meist zur örtlichen Crew, wechseln somit quasi täglich.

Chester, Vince
Haus-DJ der RGF und Musiker (Tequila PG, Hullabaloo ...).

Commis-Tournant
Ein Commis ist quasi ein Geselle, ein Tournant hingegen eine Art Libero, auch Springer genannt, der jeden Posten in einer Küche besetzen kann.

Convenience-Produkte
Halb- oder Ganz-Fertigessen.

Cuisinier du Coeur (Koch mit Herz)
Köche, die die Welt verbessern. Von Christian Romanowski gegründete Initiative.

Däne, der
Nachbar, der seinen Sonntagsbraten mit Rotkohl und Remoulade zwischen zwei Hamburgerbrötchen quetscht.

Dannenfelds
Braunschweiger Restaurant. Den Inhaber Jens Dannenfeld lernten wir im »Steigenberger« kennen.

Douglas-Punks
Bela B. und Rod Gonzalez.

Egonessig
RGF-Ausdruck für Estragonessig.

Ehrich, Fabian
Hatte keinen Bock mehr, in Sterne-Läden zu kochen. Heute freier Mitarbeiter der RGF.

Elf
Eigentlich Michael Mayer. Ex-Gitarrist von Slime, Abwärts und Elf. Spielt jetzt bei der Kinder-Rock 'n' Roll-Band Minne und die Minnies und bei RubberSlime. Autor und Komponist der Köche-Hymne »All Cooks Are Bastards«.

Elsweat
Eigentlich Barbro Kramer. King Mum of Rock 'n' Roll. Weibliche Elvis-Imitatorin. Studio-Sängerin (u. a. Die Ärzte), Cover-Girl (Prollhead!) und Freundin (von Jörg!).

Entremetier
Gemüsekoch. Darf in der Küche die Beilagen zubereiten und dem Saucier »zuarbeiten«.

F. O. H.-Mann
Tonmischer, der mittig im Saal an 1000 Knöpfen dreht. (F. O. H. = Front of House)

Gaffa
Tesafilm für den Roadie, ein breites, strapazierfähiges Allzweckklebeband.

Gardemanger
Salatkoch, bereitet die Vorspeisen in der Küche vor, in kleineren Küchen muss er sich auch um die Pâtisserie kümmern.

Gertrud
Werkzeugkiste.

Gratinieren
Überbacken.

Hafenklang
Früher ein Studio am Hamburger Fischmarkt, in dem der einheimische Untergrund seine Platten aufnahm, heute ein kleiner sympathischer Live-Club.

Jolly Roger Cooking Gang
Siehe Marquard, Stefan.

Jus
Bratensaft, brauner Fond, Fleischsaft.

Marquard, Stefan
Koch, Punkrock-Fan und Kochbuch-Autor (»Marquards Kochschule«, »Das Kühlschrank-Kochbuch«). Holte seinen Michelin-Stern in den Meersburger »Drei Stuben« und gründete 2002 die Event-Cooking-Company Jolly Roger Cooking Gang.

Metro/Fegro/Selgros ...
Jörgs Wohnzimmer.

Metzler, Simon
Freier Mitarbeiter der RGF und Marquard-Schüler.

Mise en place
Frei übersetzt: an den Platz stellen/Spieleinsatz.

Müller, Marco
Aufsteiger des Jahres 2000 (»Der Feinschmecker«). Beteiligte sich am »Kochen gegen Rechts« auf Sylt. Gern gesehener Gastkoch der RGF.

Müller, Wolfgang
Holte als Küchenchef im Berliner »Adermann« seinen letzten Michelin-Stern, war auch auf Sylt dabei.

Nightliner
Reisebus, ausgestattet mit ca. 16 Betten, angeordnet, wie man es aus einem U-Boot kennt.

Oles Mutter
Kocht für die RGF Marmeladen.

Oliveröl
RGF-Ausdruck für Olivenöl.

Olsenbande, Die
Egon, Benny, Keld – dänisches Gangstertrio. Mächtig gewaltig!

Ostsee-Mütze
Oles »Hawaii-Hemd« des Nordens.

Pâtissier
Dessertkoch, der eigentlich gar kein Koch ist, sondern Konditor. In der Küche für die Nachspeisen, Gebäcke und Pralinen zuständig.

Poissonier
Fischkoch. Wird meist vom Königsposten mitgemacht.

Posten
Arbeitsplatz bzw. Aufgabenbereich eines Koches in der Küche.

Potager
Suppenkoch. Wird in der Regel vom Entremetier mitübernommen.

Produktion
Bezeichnung für Tourneen »großer« Bands mit allem Drum und Dran. Redet man von Tourneen »ohne Produktion«, ist damit gemeint, dass Bands nur mit ihren Instrumenten reisen und über die Haus-Anlagen der Clubs spielen. Zu einer Produktion gehört im Tour-Sprachgebrauch alles, was dabei ist, von der Gitarre bis zum Bus, von den Bühnenaufbauten bis zum Kopierer im Produktionsbüro und dem Dreierstecker.

Punk
Engl. Schund, Begriff der subkulturellen Jugend- und Protestbewegung; die Punks oder Punker zeichnen sich durch grelle, häufig provozierende Kleidung und Aufmachung aus (Brockhaus, 1982).
Stellt alles Althergebrachte grundsätzlich in Frage, führt ein Leben in Selbständigkeit und Unabhängigkeit und rebelliert gegen verkrustete Strukturen (Ole & Jörg, 1977–2004).

Ramones
Beste Band der Welt.

Red-Skins/Sharp-Skins
Ursprünglich Ausdruck für englische Dockarbeiter, seit Beginn der sechziger Jahre ist damit aber eine Jugendbewegung gemeint, die in den Arbeitervierteln englischer Industriestädte entstand. Das extrem kurze Haar war Ausdruck einer bewussten Selbstausgrenzung aus der als reaktionär und rassistisch empfundenen britischen Gesellschaft. Anfangs gehörten der Skinhead-Bewegung auch schwarze Jugendliche aus den ehemaligen britischen Kolonien an, die dem proletarischen Milieu entstammten und eine linke Arbeiterbewegung darstellten. Hieran knüpfen auch die Red-Skins an, die

sich vehement von den tumben rechten Kopien distanzieren.
Sharp-Skins bedeutet »skinheads against radical prejudices« – Skinheads gegen rassistische Vorurteile.

Ressler, Kiki
Kashmir-Punk und Tourbooker der Ärzte, der Toten Hosen etc. Chef von »Kikis kleinem Tourneeservice« (KKT).

Rigger
Hoch bezahlter Klettermaxe. Verantwortlich für die Aufhängungen im Dachstuhl der Halle, die von der Licht- und Tontechnik benötigt werden, und dafür, dass später den darunter Musizierenden und Lauschenden nichts auf den Kopf fällt.

Romanowski, Christian
Importeur japanischer Küchenmesser und Gründer von »Cuisiniers du cœur«. Initiator von »Kochen für ein weltoffenes Deutschland«.

Rote Armee Fraktion
RGF-Kopie, allerdings mit Hang zur Gewalt und politischem Extremismus.

Rote, der
Bürgerlich Dirk Fabrizius. Freier Mitarbeiter der RGF und Altenpfleger. Kocht auch im »Dannenfelds«.

Runner
Jemand mit Ortskenntnissen und Auto bzw. Kleintransporter, der uns beim Einkauf behilflich ist und vom örtlichen Veranstalter gestellt wird. Kam in Arschlochhausen mit dem Fahrrad statt mit dem Auto zur

Halle, weil da »alles um die Ecke liegt« – als müssten wir nur ein paar Kräuter und einen Apfel einkaufen.

Saucier
Fleischkoch, von Ole auch gerne als Königsposten bezeichnet, in der Küche zuständig für die Verarbeitung sämtlicher Fleischprodukte und die Herstellung der Saucen. In großen Betrieben ist er lediglich für Saucen zuständig. Die Fleischverarbeitung liegt dort in der Hand des Rôtissiers.

Schanzenviertel
Ehemaliges Hamburger Arbeiterviertel, das unter dem Ansturm von Werbern und Cabrio-Fahrern leidet. Allein ihr Dasein verunglimpft die Bewohner von St. Pauli-Nord. An einer Abwehr dieser feindlichen Übernahme wird aber gearbeitet.

Sommelier
Weinkellner.

Sous-Chef
Zweiter Küchenchef.

Steigenberger
Berliner Nobel-Herberge, in der Jörgs und Oles wunderbare Freundschaft begann …

Teildienst
Ein geteilter Dienst, mit einer »Pause« versehen, damit in Restaurants ein Koch sowohl den Mittagsservice als auch das Abendgeschäft kochen kann.

Trubel
Sänger der Bronx Boys und Sprayer – von ihm stammt auch der RGF-Teufel mit der Kochmütze. Begnadeter Entertainer.

Unwin, Patty
Beste Tourleiterin der Welt.

WDW
Bürgerlich Wolf Dieter Werner. Kaltmamsell und Frühstücksköchin der RGF auf diversen Festivals und Tourneen.

Zacherl, Ralf
Ex-Küchenchef der Berliner »Weinbar Rutz« und kümmert sich jetzt um seine TV-Sendung »Einfach kochen«. Kochte »gegen Rechts« mit.

Hidden Track

Die Schmierlappen des Mobilfraßes
von Dietmar Wischmeyer

Das sorgsam zubereitete Mahl adelt in der Spitzengastronomie gewöhnlich die heitere Präsentation und die schwüle Lyrik auf dem Begleitbütten. Wenn's nicht gleich komplett Französisch ist, so doch wenigstens »eine gebutterte Eierfantasie auf im Morgentau gestochenem Baby-Asparagus an Salinen-Kartöffelchen«. Auf dem Teller liegt nichts weiter als Spargel mit Holland-Pampe und Schweinekartoffeln. Hinterm lyrischen Blendwerk versucht der Gourmet-Provider die Schlichtheit seines Fraßes zu verstecken, um so den exorbitanten Erlös daraus zu rechtfertigen.

Nicht so bei den Schmierlappen, sie verbimmeln ihre Futterrationen nur im Großgebinde und scheißen naturgemäß auf die Meinung des Endverwerters. Drum hieße bei ihnen das nämliche Gericht »Gehäutete Albino-Pimmel mit Eigeneiter beträufelt neben die abgetrennten Klöten gelegt«. Wer bei Ole und Jörg tafelt, muss stets mit dem eigenen Kotzreiz kämpfen. Durch Worte, Gruseldeko, martialisches Gepränge und primitive Beschallung versuchen die beiden, ihrer Kundschaft den Spaß an der Speis zu nehmen.

Warum machen die beiden das? Sind die einfach nur bescheuert? Sicherlich, das auch! Aber tief in ihnen nagt ein viel größeres Problem: Sie schämen sich dafür, so herrlich und fantasievoll kochen zu können. Richtig coole Typen können nämlich gar nicht kochen, sondern nur fressen und scheißen, basta. Und ob sich das, was oben reinkommt, von dem, was unten rausfällt, irgendwie unterscheidet, ist richtig coolen Typen naturgemäß völlig egal. Der Terminator arrangiert keine Blattsalatherzen, sondern pustet Fieslinge ins Jenseits – so sieht's nämlich aus.

Und weil Ole und Jörg auch richtig harte Männer sein wollen, müssen sie ihre weibische Kunst stets mit Worten und Deko zunichte machen, um vor sich selbst bestehen zu können. Am liebsten würden sie dutzendweise Ravioli-Dosen mit der Axt halbieren und die zu Tage geförderte Pampe kalt auf die siffigen Tische knallen: »So, fresst, ihr doofen Säcke, wir sind nämlich knallharte Typen, huharharhar!« Geht bloß nicht, weil die tirilierende Kundschaft aus der Populärmusik nicht aus stinkenden Baggerführern besteht, sondern auch aus mädchenhaften Knilchen, die gern mal was ausgesucht Leckeres zum Munde führen.

So haben Ole und Jörg für sich den Spagat entdeckt zwischen grandioser kulinarischer Kreation und ausgesucht widerlicher Eigendarstellung. Sie waschen sich nie, tragen speckige Wollmützen, legen lustige Gummikackhaufen neben die Teller und hören dazu Brüllmusik aus Wegwerfgeräten. In der gesamten Szene sind sie berüchtigt als die Schmierlappen des Mobilfraßes. In ihrer Feldküche tritt man auf zerfetzten Zonen-Pornos herum, dauernd wird ein schründiger Genital-Witz zum Besten gegeben, und unterm Flightcase liegt der tote Kontrolleur vom Gesundheitsamt. Genau dafür lieben wir sie alle: die Rote Gourmet Fraktion.

Wir danken allen, die zu diesem Buch beigetragen haben, besonders Birgit Schmitz, Steffi Schünemann, Matze Krüger, Dietmar Wischmeyer, Rod Gonzalez, DJ Bobby & den Furys sowie Harm Wörner.

Wir danken allen, die uns all die Jahre begleitet haben, zum Beispiel das dreckige Dutzend, Zabel …

Wir danken allen Köchen und Helfern, die jemals mit uns gearbeitet haben, sowie allen Küchenpunks, die unsere Fahne hochhalten.

Wir danken allen, die uns bereitwillig auf Benefiz-Veranstaltungen unterstützt haben.

Bildnachweis

Atelier Markus Hauser: S. 12, 171, 207
Olaf Heine: S. 143
RGF: S. 29, 42, 103, 119
Bernd Zahn: S. 71

KiWi

Paperbacks bei Kiepenheuer & Witsch

Jürgen Tarrach
richtig fressen
Rezepte zum Sattwerden

KiWi 775
Originalausgabe

Bloß keine Diät oder Hungerkur, dann schon lieber Entencurry und selbstgemachtes Pesto, Sauerkrautauflauf und Polentatorte. Mit einem Augenzwinkern erzählen Jürgen Tarrach und sein Freund und Ko-Autor Klaus Ortner von Vorfreude, dem ersten Bissen und der zweiten Portion.

»Endlich sagt´s mal einer: Haltlos fressen macht Spaß. Dem Schauspieler Jürgen Tarrach gebührt Dank.« *Stern*

»Lustvolle Rezepte zum Sattwerden in köstliche Geschichten, Gedichte und Monologe verpackt.« *InStyle*

www.kiwi-koeln.de

Paperbacks bei Kiepenheuer & Witsch

KiWi

Hans Nieswandt
plus minus acht

Dj Tage Dj Nächte

KiWi 674
Originalausgabe

In »plus minus acht« erzählt Hans Nieswandt von seinem Leben als DJ – irgendwo in Clubs zwischen Köln und Johannesburg.

»Hans Nieswandt ist ein Heiler. Nur legt er nicht Hände, sondern Platten auf. Er heilt all die Radio- und Charts-Kranken, die nicht wissen, was ihnen bis dato gefehlt hat. Sein Handwerk macht süchtig. Sein Schreibstil ist eine Nachricht wert, sein Buch schenk ich meinen besten Freunden!«

Jens Riewa, Tagesschau-Sprecher

»My man Hans Nieswandt! Wie lange habe ich an ihn hingeredet. Wie viele Jahre habe ich auf dieses Buch gewartet!« *Thomas Meinecke*